O **Antigo Testamento** em **7** frases

Christopher J. H. Wright

O **Antigo Testamento**
em **7** frases

Pequena
introdução
a um vasto
assunto

Tradução
Cecília Camargo Bartalotti

Edições Loyola

Título original:
The Old Testament in Seven Sentences – A Small Introduction to a Vast Topic
© 2019 by Christopher J. H. Wright
InterVarsity Press – P. O. Box 1400, Downers Grove, IL 60515
ISBN 978-0-8308-5225-3

Originally published by InterVarsity Press as *The Old Testament in Seven Sentences* by Christopher J. H. Wright. © 2019 by Christopher J. H. Wright. Translated and printed by permission of InterVarsity Press, P. O. Box 1400, Downers Grove, IL 60515, USA. www.ivpress.com

Publicado originalmente por InterVarsity Press como *The Old Testament in Seven Sentences* by Christopher J. H. Wright. © 2019 by Christopher J. H. Wright. Traduzido e publicado com permissão da InterVarsity Press, P. O. Box 1400, Downers Grove, IL 60515, USA. www.ivpress.com

Dados Internacionais de Catalogação na Publicação (CIP)
(Câmara Brasileira do Livro, SP, Brasil)

Wright, Christopher J. H.
O Antigo Testamento em sete frases : pequena introdução a um vasto assunto / Christopher J. H. Wright ; tradução Cecília Camargo Bartalotti. -- São Paulo : Edições Loyola, 2022. -- (Perspectivas bíblicas)

Título original: The old testament in seven sentences : a small introduction to a vast topic
ISBN 978-65-5504-155-2

1. Bíblia. A.T. - Estudo e ensino 2. Bíblia. A.T. - Introduções 3. Cristianismo 4. Exegese bíblica 5. Judaísmo 6. Teologia I. Título II. Série.

22-99564   CDD-221.61

Índices para catálogo sistemático:
1. Antigo Testamento : Introduções   221.61

Maria Alice Ferreira - Bibliotecária - CRB-8/7964

Preparação: Marta Almeida de Sá
Capa: Ronaldo Hideo Inoue
     Composição sobre imagem de © clearviewstock
     e textura de fundo de © Olga. © Adobe Stock
Diagramação: Sowai Tam
Revisão: Rita Lopes

Edições Loyola Jesuítas
Rua 1822 n° 341 – Ipiranga
04216-000 São Paulo, SP
T 55 11 3385 8500/8501, 2063 4275
editorial@loyola.com.br
vendas@loyola.com.br
www.loyola.com.br

Todos os direitos reservados. Nenhuma parte desta obra pode ser reproduzida ou transmitida por qualquer forma e/ou quaisquer meios (eletrônico ou mecânico, incluindo fotocópia e gravação) ou arquivada em qualquer sistema ou banco de dados sem permissão escrita da Editora.

ISBN 978-65-5504-155-2

© EDIÇÕES LOYOLA, São Paulo, Brasil, 2022

Para meus colegas da Langham Partnership e
para a família mundial de "Langhamites".

Sumário

Introdução 9

1 Criação 19
No princípio Deus criou o céu e a terra. Gênesis 1,1

2 Abraão 39
Em ti serão abençoadas todas as famílias da terra. Gênesis 12,3

3 Êxodo 55
Eu sou Javé, teu Deus, eu que te tirei da terra do Egito, da casa da escravidão. Êxodo 20,2

4 Davi 73
Javé já escolheu o varão segundo o seu coração e o fez príncipe sobre o seu povo. 1 Samuel 13,14

5 Profetas 97
O que Javé reclama de ti: somente praticar a justiça, amar a fidelidade e caminhar humildemente com o teu Deus. Miqueias 6,8

6 Evangelho 115
Quão belos sobre as montanhas são os pés do enviado alvissareiro. Isaías 52,7

7 Salmos e Sabedoria 133
O Senhor é o meu pastor. Salmo 22,1

Questões para discussão 155

Introdução

Jesus resumiu em dois. Amar a Deus e amar ao próximo — "Nestes dois mandamentos se resumem toda a Lei e os Profetas" (Mt 22,40).

Miqueias resumiu em três. "Somente praticar a justiça, amar a fidelidade e caminhar humildemente com o teu Deus" (Mq 6,8).

Até mesmo Moisés resumiu em cinco. Temer, seguir, amar, servir, obedecer... e é isso (Dt 10,12-13).

Portanto, resumir em sete não deveria ser tão difícil.

Isso foi o que eu pensei, pelo menos. Mas, depois, eu me perguntei, como você também pode estar se perguntando: será mesmo certo condensar as Escrituras dessa maneira? Afinal, Deus nos deu uma biblioteca bastante grande de livros na Bíblia, a maioria deles na parte do Antigo Testamento. Paulo afirma que "toda Escritura [referindo-se ao Antigo Testamento em sua época] inspirada por Deus é útil" (2Tm 3,16). Será que poderíamos encurtar toda ela em frases sucintas e pequenos capítulos explicativos? Será que um livro sobre a Bíblia como este é *biblicamente* apropriado?

Além desses três exemplos extremos, há vários outros lugares na própria Bíblia em que a mensagem inteira é reduzida a uma versão muito condensada a fim de esclarecer muito bem alguns pontos cruciais. Em geral, isso é feito *por meio da história*, ou de uma parte dela que tenha acontecido até a época. Por exemplo:

- Moisés resume a história até ali em Deuteronômio 1–3 para fortalecer a maior obediência a Deus no futuro.
- Os agricultores israelitas devem recitar a história como uma forma de afirmar a bênção de Deus e seu próprio compromisso de obedecer-lhe (Dt 26,1-11).
- Josué faz isso novamente com a geração seguinte para insistir que eles continuem escolhendo servir ao seu Deus da aliança (Js 24).
- Dois longos salmos, Salmos 104 e 105, contam a história outra vez, mostrando como Israel havia sido infiel ao longo dos séculos e o quanto seu povo devia, no passado e ainda no presente, à paciência e à graça de Deus.
- Neemias conta toda a história desde a criação até o seu próprio tempo como a base para suplicar a Deus perdão e restauração para o povo (Ne 9,1-37).
- Jesus conta a história na forma de uma parábola sobre uma vinha e seus viticultores maus de uma forma que é muito reconhecível por aqueles que se opõem a ele (Mt 21,33-46).
- Estêvão conta a história, de Abraão até a crucificação de Jesus, de uma forma que mostra a impaciência de Deus com a constante rebelião de seu povo e enfurece a tal ponto seus ouvintes que eles o executam por blasfêmia (At 7,1-60).
- Paulo conta a história (quase em sete frases) em uma rápida sequência que provavelmente reflete sua pregação e seu ensino habitual: Abraão, êxodo, terra, juízes, reis, Davi... depois passa direto a Jesus, Messias e Rei (At 13,16-41).

O que todos esses exemplos têm em comum, como eu disse, é que eles fazem esse resumo em forma de narrativa. Pois isso é essencialmente o que o Antigo Testamento (e, de fato, toda a Bíblia) é: a grande história do universo. Tudo o que o Antigo Testamento tem a nos ensinar entra na estrutura dessa grande história.

O ANTIGO TESTAMENTO COMO UMA BIBLIOTECA

No entanto, antes de preenchermos um pouco mais essa história, em relação a nossas sete frases, precisamos atentar para a estrutura do

Antigo Testamento da forma como o temos em nossas Bíblias atuais. Ele nos chega na forma de uma biblioteca de livros divididos em algumas seções ou categorias bastante claras.

- *O Pentateuco* (palavra grega que significa "cinco livros"). Estes são os livros de Gênesis a Deuteronômio. A Bíblia chama essa seção de Torá. Essa palavra é, muitas vezes, traduzida como "a Lei", mas isso é um pouco enganoso. A palavra, na verdade, significa "orientação" ou "ensino" e, embora esses livros de fato contenham leis que Deus deu a Israel, eles também contêm narrativas importantes e alguns cânticos e poemas.
- *Livros históricos.* Os livros de Josué a Ester nos apresentam a história de Israel, da conquista de Canaã até depois que os judeus retornaram do exílio na Babilônia — um período que se estende de aproximadamente 1200 a 450 a.C.
- *Livros poéticos.* Os livros de Jó ao Cântico dos Cânticos são uma mistura de cantos de louvor, textos sapienciais e um belo poema de amor.
- *Profetas.* Por fim, toda a seção de Isaías a Malaquias é composta de livros compilados das pregações daqueles que Deus escolheu como profetas ao longo de um período de aproximadamente trezentos anos.

Essa é a ordem dos livros na maioria das Bíblias modernas. No entanto, a ordem dos livros nas Escrituras hebraicas originais, conhecidas como o cânon, que os judeus ainda usam hoje e que deve ter sido a ordem na época de Jesus, é um pouco diferente. Toda a biblioteca é dividida em apenas *três* seções: a Lei (ou Torá), os Profetas e os Escritos (ou, como Jesus se refere às três seções, "a Lei de Moisés, os Profetas e os Salmos" [Lc 24,44]).

A Torá
- O Pentateuco (como citado).

Os Profetas
- Os Primeiros Profetas: Josué, Juízes, 1-2 Samuel e 1-2 Reis (os judeus consideravam esses livros proféticos, ou seja, histórias contadas pela perspectiva de Deus).

- Os Últimos Profetas: Isaías, Jeremias, Ezequiel e o Livro dos Doze, de Oseias a Malaquias.

Os Escritos
- Salmos, Jó, Provérbios, Rute, Cântico dos Cânticos, Eclesiastes, Lamentações, Ester, Daniel, Esdras, Neemias e 1-2 Crônicas.

Pode-se ver, pelo sumário, que três de minhas sete frases vêm da Torá, uma dos Primeiros Profetas, duas dos Últimos Profetas e uma dos Escritos.

O ANTIGO TESTAMENTO COMO UM DRAMA

Vamos voltar à ideia de que o Antigo Testamento, fundamentalmente, conta uma história. Para ser mais preciso, conta a primeira parte essencial da grande história que a Bíblia completa conta. Mudando um pouco o quadro, a Bíblia não é apenas uma história; ela é como um grande *drama* — uma enorme peça de teatro com um imenso elenco, todos encenando seu papel em uma vasta narrativa cujo autor e diretor é o próprio Deus. Este é o ponto: nós não somos meros espectadores, um público no teatro da Bíblia. Não, nós fazemos parte da história; nós nos tornamos atores no palco. De fato, recebemos o chamado e a missão de nos unir ao elenco do drama de Deus e cumprir nosso papel em nossa própria geração. Nós estamos na Bíblia. Deixe-me explicar melhor.

Como a maioria dos grandes dramas, o drama da Bíblia é dividido em vários atos, ou seja, seções maiores da história em que coisas distintas e significativas ocorrem conforme o drama se desenvolve. Podemos imaginar a Bíblia inteira como um drama com sete atos[1].

- *Ato 1: Criação.* Todo o drama começa quando o Deus vivo, único e eterno escolhe criar o que chamamos de universo: céu e terra.

---

1. Essa ideia como uma forma de organizar a história e a mensagem da Bíblia inteira vem de BARTHOLOMEW, Craig G.; GOHEEN, Michael W., *The Drama of Scripture: Finding Our Place in the Biblical Story* (Grand Rapids: Baker, ²2014). Eles propõem uma sequência de seis atos no drama bíblico, incluindo o julgamento final em seu Ato 6. Eu prefiro o modo como meu Ato 6 contrabalança o Ato 2 e faz do Evangelho a parte central de todo o drama.

Ele o cria "bom" e cria os seres humanos à própria imagem de Deus, para governar e servir à sua boa criação.

- *Ato 2: Rebelião.* Os humanos escolhem desconfiar da bondade de Deus, duvidar da palavra de Deus e desobedecer às instruções de Deus. Como resultado, o pecado e o mal entram em todas as dimensões da vida humana, pessoais e sociais, e corrompem todas as culturas e trazem danos e frustração para a criação.
- *Ato 3: Promessa.* A história do restante do Antigo Testamento começa com a promessa de Deus para Abraão de que não só ele se tornará uma grande nação (Israel), como também, por intermédio dele, Deus trará bênção a todas as nações da Terra. Essa promessa e essa esperança movem a narrativa ao longo da história de Israel na era do Antigo Testamento, como vamos examinar.
- *Ato 4: Evangelho.* A promessa do Antigo Testamento se cumpre com o nascimento de Jesus de Nazaré. O grande ato central do drama da Escritura inclui tudo o que lemos nos quatro Evangelhos: a concepção, o nascimento, a vida, o ensino, a morte expiatória, a ressurreição vitoriosa e a ascensão do Messias Jesus.
- *Ato 5: Missão.* A promessa feita a Abraão precisa ser cumprida. A boa-nova do que Deus realizou por meio de seu filho Jesus precisa chegar a todas as nações. Isso é lançado no final dos Evangelhos e no início de Atos, depois do derramamento do Espírito de Deus sobre os seguidores de Jesus.
- *Ato 6: Julgamento final.* A boa-nova é que o mal não terá a última palavra e Deus colocará todas as coisas no lugar certo (o que é o significado do julgamento na Bíblia) enfrentando e destruindo tudo o que é errado e mau. O Ato 6 é a conclusão da resposta de Deus ao Ato 2 e a realização do Ato 4.
- *Ato 7: Nova criação.* O drama da Bíblia termina com um impactante novo começo! Depois de pôr tudo no lugar certo, Deus fará todas as coisas novas e virá morar para sempre com a humanidade redimida em sua criação restaurada.

Ver a história inteira da Bíblia desse modo gera muitos benefícios.

Primeiro, isso nos mantém focalizados na forma como Deus escolheu nos dar a própria Bíblia — não meramente como um livro repleto de promessas, regras ou doutrinas (há muitas delas na Bíblia, mas não são o que a Bíblia realmente *é*), mas na forma de uma narrativa grandiosa com um início e um fim (na verdade, um novo começo) e todo o enredo da redenção no meio.

Segundo, lembra-nos de que *essa é a nossa história*. Porque, se nos tornamos seguidores do senhor Jesus Cristo, somos participantes do ato 5 do drama da Escritura. É aí que estamos: em algum ponto entre a ressurreição de Cristo e o retorno de Cristo. Nesse lugar, temos um papel, uma função a desempenhar e uma missão a cumprir, com Deus e para Deus.

Terceiro, isso nos mostra como o Antigo Testamento é importante e como são totalmente errados, enganosos e perigosos aqueles que dizem aos cristãos que eles podem deixar o Antigo Testamento tranquilamente de lado. Essa ideia, que se tornou popular novamente (em parte, por pura ignorância da Bíblia e, em parte, pela influência de alguns pregadores de alta visibilidade), não é de forma alguma nova. Menos de cem anos depois da ressurreição de Cristo, um homem chamado Marcion tentou convencer a Igreja de que o deus do Antigo Testamento era um deus completamente diferente do deus e pai de Jesus (foi aí que vocês ouviram isso antes, pessoal) e que a Igreja deveria descartar o Antigo Testamento e algumas partes do Novo por serem excessivamente judaicas. A Igreja rejeitou essa doutrina como errada e herética e manteve as Escrituras do Antigo Testamento como uma parte vital da revelação plena de Deus e, portanto, do cânon cristão da Bíblia.

Quando examinamos os sete atos do drama da Escritura, podemos ver como é importante que isso tenha sido feito. Sem os três primeiros atos, Jesus se torna apenas mais algum tipo de salvador humano. A história perderia seu início essencial (criação), seu problema profundo (pecado) e o tema condutor da promessa de Deus de bênção a todas as nações. Se alguém lhe sugerir que você não precisa do Antigo Testamento (e que, provavelmente, não deveria estar lendo este livro), faça essa pessoa se lembrar de que Jesus nunca leu o Novo Testamento e que os primeiros seguidores de Jesus (incluindo o apóstolo Paulo) saíram para o mundo para evangelizar, ensinar e transformar, tendo, a princípio, apenas as Escrituras do Antigo Testamento — e se saíram muito bem com isso — até que Paulo começou a escrever suas cartas e Marcos produziu seu Evangelho. Os atos 4 a 7 do drama da Escritura pressupõem, se referem e citam as Escrituras que constituem os atos 1, 2 e 3 — e se baseiam nelas. Toda a história só faz sentido *como* uma história inteira.

POR QUE ESTAS SETE FRASES?

Vou explicar um pouco como vim a escolher minhas sete frases. As três primeiras praticamente escolheram a si próprias. Temos de começar pela criação, como a Bíblia completa faz, e refletir sobre o que as histórias de Gênesis 1-11 nos contam sobre o mundo, Deus, nós mesmos e nossa terrível dificuldade como rebeldes contra nosso criador.

Depois, temos de passar para aquele momento decisivo em que Deus chama e escolhe Abraão e lhe faz a promessa que governa de fato o resto da Bíblia — ao longo da história de Israel e, para frente e para fora, para todas as nações em toda a Terra. Paulo chama nossa segunda frase de "boa-nova" (Gl 3,8).

Em seguida a isso, temos de ver o êxodo como o maior evento de redenção na Bíblia até a cruz de Cristo. No mesmo livro, lemos sobre a aliança que Deus faz com Israel e o modo de vida que ele pede que os israelitas observem (a lei) em resposta à graça salvadora de Deus. Mas tudo isso é baseado no que Deus fez por eles — daí a nossa terceira frase.

A quarta foi mais difícil, uma vez que há uma enorme história depois do êxodo. Não podemos ignorá-la, mas não podemos contá-la inteira — só fazer um resumo. No entanto, no meio dela vem a próxima aliança mais importante da Bíblia: a que Deus faz com o rei Davi, uma vez que essa nos aponta, futuramente, para o rei Jesus (como o apóstolo Paulo gostava de dizer). Davi ganhou a quarta frase.

Tendo chegado até esse ponto, parecia ser necessário lidar com o grande bloco dos livros dos profetas. Esse parecia se dividir em duas partes. Muito do que os profetas têm a dizer é chamar o povo a se voltar novamente para Deus, a viver do jeito que ele quer, e alertá-los de que, se não o fizerem, enfrentarão julgamento e destruição horrendos. Assim, para nossa quinta frase, escolhi um versículo muito conhecido de Miqueias, um desses profetas que expõem a depravação social e a injustiça da nação em contraste com o que Deus realmente quer do povo. É um versículo que também influenciou Jesus (Mt 23,23) e inspira muitas missões e muitos ministérios cristãos hoje.

Entretanto os profetas também trazem uma mensagem de esperança além do julgamento. Eles têm boas-novas para compartilhar quando olham para o futuro de Deus, para Israel e para o mundo, uma vez que Deus manterá sua promessa, por intermédio de Israel, para todas as nações da Terra. A palavra do Novo Testamento para "evangelho" vem, na verdade, do Antigo Testamento (na tradução grega que era com frequência usada na época de Jesus e dos outros discípulos, especialmente Paulo). Minha sexta frase é uma palavra do Evangelho sobre a salvação de Deus, tanto para os exilados de Israel como para "todos os confins da Terra". É uma frase que Paulo cita (Rm 10,15) e que inspirou vários hinos e cantos.

O livro de Salmos provavelmente ainda é a parte favorita do Antigo Testamento para muitas pessoas, mesmo aquelas que nunca leem muito do resto dele. Como mencionei anteriormente, esse é o livro principal da terceira seção do cânon hebraico, os Escritos. Não foi difícil escolher como nossa sétima frase o que provavelmente também é o versículo favorito do salmo favorito de muitas pessoas. E essa proporcionava uma forma de acessar tanto o próprio livro dos Salmos como os livros de Sabedoria na mesma parte de nossa Bíblia.

Por fim, duas pequenas observações antes de começarmos. Primeiro, este é um livro curto, portanto, embora eu cite alguns textos essenciais, não é possível apresentar citações longas do texto bíblico. Espero que você aprecie a leitura do livro, mas, para melhores resultados, seria realmente útil, sempre que conveniente, ler este livro com a sua Bíblia à mão, para conferir algumas das referências que eu passei em suporte aos argumentos discutidos. Afinal, o objetivo de escolher essas sete frases é incentivar você a ler muitas outras delas na própria Bíblia.

Segundo, depois de muitos anos lecionando e escrevendo sobre o Antigo Testamento, não é provável que o que eu penso ou escrevo para um livro novo como este seja inteiramente novo. Tomei a liberdade de recomendar nas notas livros maiores, meus e de outros autores, que poderão levá-lo mais fundo e mais longe, se você tiver interesse. Também sou particularmente grato à Zondervan Publishers e à Langham Partnership pela autorização para condensar e adaptar em alguns pontos deste livro algum material que foi publicado pela primeira vez em meu livro *How to Preach and Teach the Old Testament for All It's Worth* (Grand Rapids: Zondervan, 2016), também publicado como *Sweeter than Honey: Preaching the Old Testament* (Carlisle, UK: Langham Preaching Resources, 2016).

Criação[1]

> No princípio Deus criou o céu e a terra.
> **GÊNESIS 1,1**

É um bom lugar para começar, não acha? A primeira palavra da primeira frase da primeira parte do primeiro livro da primeira seção do Primeiro Testamento — "no princípio" (é uma palavra só em hebraico). Cada um desses primeiros é importante.

Nossa primeira palavra, traduzida como "no princípio", nos lembra que a Bíblia como um todo é uma história, ou melhor, *a* história — a verdadeira história do universo. A Bíblia inteira começa com a criação em Gênesis 1–2 e termina (ou começa de novo) com a nova criação em Apocalipse 21–22. E, entre esses dois momentos, relata a vasta e cada vez mais ampla narrativa de como Deus reconciliou consigo todas as coisas no céu e na terra por meio do Senhor Jesus Cristo.

O primeiro livro da Bíblia é Gênesis, o livro dos princípios. E a primeira parte do livro, Gênesis 1–11, fala sobre o princípio do mundo e o princípio das nações da humanidade. Conta-nos do princípio do pecado e do mal dentro da vida humana e seu efeito sobre a própria Terra. Tudo isso é chamado de História Primordial, uma vez que descreve coisas

---

1. Partes deste capítulo são adaptadas de meu artigo "Theology and Ethics of the Land", *Transformation* 16, nº 3 (1º de julho de 1999): 81-86; e de meu livro *The Mission of God: Unlocking the Bible's Grand Narrative* (Downers Grove, IL: InterVarsity Press, 2006).

que, embora tenham acontecido em um sentido histórico, não podem ser situadas em um tempo histórico precisamente datado. Essas pessoas e esses eventos são primordiais no sentido de que vêm primeiro, antes do tipo de história registrada à qual podemos atribuir datas específicas. Depois, no restante do livro, Gênesis 12–50, lemos sobre o princípio do povo de Israel, por meio do qual Deus prometeu levar bênçãos para esse mundo de nações e curar sua relação fraturada com Deus.

A primeira seção do Antigo Testamento, que começa aqui, inclui os cinco primeiros livros — Gênesis, Êxodo, Levítico, Números e Deuteronômio. Esses cinco livros são o bloco de fundação de todo o Antigo Testamento — na verdade, de toda a Bíblia. Em termos históricos, eles nos levam da criação do universo ao momento em que o povo de Israel alcançou os limites da terra que Deus lhes prometeu. Em termos de nossos sete atos do grande drama da Escritura (ver a Introdução), eles nos levam através dos atos 1 e 2 e nos lançam no ato 3.

CONHECER A HISTÓRIA EM QUE ESTAMOS

O sentido de ver a Bíblia como uma única grande história (ou metanarrativa) é que ela proporciona nossa visão de mundo como cristãos. Uma visão de mundo é o modo como vemos a vida, o universo e todas as coisas. É a lente de pressupostos através da qual interpretamos tudo o que nos cerca em nossa vida cotidiana, conscientemente ou (com mais frequência) inconscientemente dentro de nossa cultura. Visões de mundo são formadas pelas respostas dadas a certas perguntas fundamentais que todos os seres humanos fazem e respondem de alguma maneira. Vejamos quatro dessas perguntas sobre visão de mundo:

1. *Onde estamos?* O que é o universo material que vemos à nossa volta? De onde ele veio, ou ele esteve sempre aqui? Ele é real? Por que e como ele existe, e ele tem algum propósito ou destino?
2. *Quem somos nós?* O que significa ser humano? Nós somos iguais aos outros animais deste planeta ou diferentes deles em algum aspecto? O que (se houver) nos faz especiais ou únicos? Por que somos a espécie dominante? E isso é uma coisa boa ou ruim?

3. *O que deu errado?* Universalmente, os humanos acreditam que as coisas não são como deveriam ser ou, pelo menos, que não são como poderiam ser. Vivemos no meio de um mundo que deu errado, entre nós mesmos e entre nós e a ordem natural. Por que isso? O que levou esse modo errado a ser a realidade dominante da vida humana na Terra?
4. *Qual é a solução?* No âmbito do universo, os humanos também parecem acreditar que as coisas *poderiam* ser corrigidas e melhoradas, e, assim, todos os tipos de soluções são propostos: por religiões e filosofias, por políticos e reformadores, até mesmo por revolucionários e anarquistas. Quem está certo? Existe algo que possamos fazer para resolver o problema humano? Há algum escape, ou salvação, da desordem em que estamos? Há alguma esperança para o mundo?

Seja muçulmano, hindu, budista ou um ateu secular moderno, você fará e responderá a essas perguntas, de diferentes maneiras, de acordo com a narrativa da realidade que adota — a grande história que você e sua cultura contam. Mas, se você for judeu ou cristão, responderá a todas essas perguntas segundo as Escrituras. Para um cristão, isso significa a história abrangente de ambos os Testamentos da Bíblia. É a Bíblia que nos diz onde estamos, quem somos, o que deu errado, qual é a solução, e aponta para um futuro cheio de esperança. Ela cumpre esse trabalho muito rapidamente: a Bíblia esboça respostas para as três primeiras dessas perguntas fundamentais nos três primeiros capítulos do Antigo Testamento, expande um pouco a resposta da terceira pergunta no restante de Gênesis 4–11, depois prossegue para dar a resposta de Deus à quarta pergunta em Gênesis 12. Em outras palavras, a Bíblia responde a essas perguntas de visão de mundo fundamentais nos contando a história verdadeira desde o princípio. Aqui estão o cenário (criação de Deus), os personagens (Deus e a raça humana), o problema (mal, pecado, morte) e aqui está a promessa de uma solução (por intermédio de Israel e do Messias, Jesus).

Será necessário ler o restante da Bíblia para completar essas respostas em múltiplos aspectos, claro. Mas a estrutura básica da visão de mundo bíblica é estabelecida no primeiro quarto do Gênesis. Aqui está o sumário executivo de Deus para o seu grande livro, por assim dizer.

ONDE ESTAMOS?

Olhamos à nossa volta como humanos e nos admiramos com o ambiente assombroso de nossa vida. Olhamos para o céu, para as nuvens, as aves, o Sol, a Lua, as estrelas. Olhamos em volta para montanhas, rios, florestas, oceanos, desertos. Olhamos para o solo, as plantações, os animais silvestres e domesticados, os insetos, as profundezas da terra e do mar, os peixes e as criaturas abissais. Talvez, ressoando Louis Armstrong, digamos a nós mesmos, "Que mundo maravilhoso!" — e ele é. Espanto, medo, admiração, curiosidade, gratidão, afeto, surpresa, expectativa — tudo isso surge em nossa resposta a simplesmente estar neste mundo. E as perguntas surgem. De onde todas essas coisas vieram? Quem ou o que as fez? Quem ou o que as controla? Como é a melhor maneira de nos relacionarmos com elas?

Israel vivia em um mundo de nações que tinham muitas respostas para essas perguntas. As histórias do antigo Oriente Próximo (especialmente no Egito e na Babilônia) atribuíam as origens do mundo natural a uma variedade de deuses cujas disputas e necessidades (refletindo seus inventores muito humanos) produziram este ou aquele aspecto do universo. Alguns aspectos da Terra correspondiam à exigência dos deuses de um lar, ou de um templo, dentro do qual os seres humanos pudessem atender às necessidades deles. Outros resultavam de batalhas entre divindades quando ocorriam desentendimentos[2].

Em distinção clara e consciente dessas histórias circundantes, Gênesis 1 nos mostra onde estamos. Habitamos a terra firme do mundo, que deve sua existência a um único deus criador, juntamente aos mares, ao céu acima e à miríade de criaturas que enchem esses três grandes espaços de terra, mar e céu. Esse deus único criou todas essas entidades imensas e criaturas abundantes apenas por sua palavra poderosa, não em colaboração ou em conflito com alguma outra divindade. Essa afirmação leva a algumas vastas verdades adicionais sobre a criação em que vivemos.

---

2. Para uma introdução muito acessível e informativa (e agradável) ao modo como as culturas do antigo Oriente Próximo pensavam sobre o cosmo e suas origens e como a doutrina bíblica ao mesmo tempo se encaixa nesse mundo e é radicalmente diferente dele, ver Parry, Robin A., *The Biblical Cosmos: A Pilgrim's Guide to the Weird and Wonderful World of the Bible*, Eugene, OR: Cascade, 2014.

Criação distinta de Deus, mas dependente de Deus. Nossa frase para este capítulo, "No princípio, Deus criou o céu e a terra", nos diz que há uma distinção ontológica fundamental entre Deus como *criador* e tudo o mais como *criado*[3]. O céu e a terra tiveram um início. Deus existia antes do início. Deus e o universo são diferentes em seu ser. Essa *dualidade* entre o criador e o criado é essencial para todo o pensamento bíblico e para uma visão de mundo cristã. Posiciona-se tanto contra o monismo (a crença de que toda a realidade é una, sem nenhuma diferenciação — como no hinduísmo *advaita*) como contra o panteísmo (a crença de que Deus é, de alguma forma, idêntico à totalidade do universo; tudo na natureza, reunido, é Deus). Essa doutrina bíblica posiciona-se contra as espiritualidades da Nova Era, que adotam uma visão de mundo amplamente monista ou panteísta.

A criação, portanto, é distinta de Deus, seu criador, mas é também totalmente dependente de Deus. A criação não é independente ou coeterna. O mundo não é, na doutrina bíblica, um biossistema autossustentável. Em vez disso, Deus está ativa e incessantemente sustentando a sua existência e as suas funções nos níveis macro e micro (Sl 32,6-9; 64,9-13; 103; Cl 1,17; Hb 1,3). Isso não nega que Deus tenha construído na terra uma incrível capacidade de renovação, recuperação, equilíbrio e adaptação. Mas o modo como todos esses sistemas funcionam e se inter-relacionam é, ele próprio, planejado e mantido por Deus.

A criação é boa. Esta é a mensagem inequívoca do capítulo de abertura da Bíblia. Seis vezes Deus declara que o que ele acabou de fazer é "bom" e, na sétima vez, "muito bom". Pelo menos três coisas decorrem dessa chuva de "bons".

1. A boa criação revela o Deus bom. Em outros relatos do antigo Oriente Próximo, a criação é obra de múltiplas divindades, em graus variáveis de conflito e malevolência. Em contraste, no Antigo Testamento, a criação é obra de um único Deus vivo e, portanto, dá testemunho de sua existência, de seu poder e caráter. A criação revela seu criador,

---

3. *Ontologia* tem a ver com a natureza do ser ou a realidade, a essência das coisas, o que algo é em si mesmo. Nossa afirmação significa que o *ser ou a essência* de Deus é completamente distinto do *ser ou da essência* do universo. Deus é *criador*. Tudo o mais é *criado*.

embora ele não seja parte dela. Assim como podemos ouvir Beethoven em suas sinfonias (embora uma sinfonia não seja o compositor), ou ver Rembrandt em seus quadros (embora um quadro não seja o artista), também encontramos o Deus vivo na criação (embora a criação não seja Deus). A criação tem uma voz viva que fala por Deus.

Aprendemos que os céus declaram a glória de Deus, sem fala humana, mas com uma voz que é ouvida nos confins da terra (Sl 18,2-5). Além disso, "anunciam os céus seu julgamento: é o próprio Senhor que vem julgar" (Sl 49,6). Não são apenas os agricultores que cuidam da terra. Deus o faz continuamente como demonstração de sua generosidade (Sl 64,9). Não são apenas os humanos que recebem seu alimento, em última instância, da mão de Deus; assim o fazem todas as criaturas (Sl 103,27-30). Paulo aponta a bondade de Deus na evidência de seus dons de chuva e colheitas, alimento e alegria (At 14,17). Ele afirma que todos os seres humanos podem ver a evidência da existência e do poder de Deus na criação do mundo (Rm 1,20).

2. A criação é boa aos olhos de Deus. A afirmação repetida "Deus viu que era bom" é feita independentemente de nós, seres humanos. Não é, inicialmente, *nossa* resposta *humana* à beleza ou aos benefícios da criação (embora certamente deva ser), mas a avaliação de Deus da obra do próprio Deus. É o selo de aprovação de Deus para todo o universo em todo o seu funcionamento. A criação tem valor intrínseco porque é valorizada por Deus, que é a fonte de todo valor. Falar da bondade da criação não é, acima de tudo, dizer que ela é valiosa para nós (o que certamente ela é), mas dizer que ela é valorizada por Deus e foi criada adequada para o propósito — o propósito de Deus.

O Salmo 103 celebra não apenas os aspectos da criação que servem às necessidades humanas (colheitas e animais domésticos), mas também os que não têm nenhuma conexão imediata com a vida humana — os locais selvagens e as criaturas silvestres que vivem neles, simplesmente sendo e fazendo aquilo para o qual Deus os criou. Eles também são bons, porque Deus os valoriza.

3. A criação é boa como templo de Deus. No mundo antigo, de modo geral, os templos eram vistos (literalmente) como microcosmos — ou seja, pequenas representações ou réplicas na terra da forma e da ordem do próprio cosmo. Um templo era onde céu e terra se uniam. Por outro lado, o cosmo poderia ser visto como um macrotemplo — ou seja, o lugar de morada dos deuses (ou, em termos do Antigo Testamento, claro, do único Deus criador vivo e verdadeiro)[4].

Por essa perspectiva, quando Deus diz que sua obra de criação é boa, essa é uma forma de dizer que ele vê e aprova toda a criação, funcionando em toda a sua complexidade ordenada, como o lugar preparado para ele instalar sua imagem (humanidade) e como o lugar para sua própria morada ("O céu é meu trono e a terra, o meu escabelo", Is 66,1-2 — linguagem do templo). É por isso que as imagens da nova criação no final da Bíblia falam da totalidade de céu e terra como a morada de Deus.

A criação é propriedade de Deus. "É do Senhor a terra" (Sl 23,1). "A Javé, teu Deus, pertencem os céus, os céus dos céus, a terra e tudo quanto ela contém" (Dt 10,14). Essas são afirmações universais impressionantes que podemos facilmente não perceber. O universo inteiro (incluindo o planeta Terra) é propriedade de Deus. Pertence a ele. A Terra é, antes de tudo, propriedade de Deus, não nossa. Deus é o senhorio supremo. Nós somos inquilinos de Deus, vivendo com a permissão de Deus na propriedade de Deus[5]. Isso gera enormes implicações éticas para nossa atividade ecológica e econômica, as quais não poderemos abordar aqui. Mas, no mínimo, nos lembra que somos responsáveis perante Deus pelo modo como tratamos sua propriedade. E, se dizemos que amamos a Deus, devemos tratar o que pertence a Deus com respeito e responsabilidade (como faríamos com a propriedade de qualquer um que amamos).

Desde essa primeira frase, a Bíblia fala constantemente do mundo natural em relação a Deus. A ordem criada obedece a Deus, revela sua

---

4. Ver especialmente WALTON, John, *The Lost World of Genesis One: Ancient Cosmology and the Origins Debate,* Downers Grove, IL: InterVarsity Press, 2009; BEALE, Greg, *The Temple and the Church's Mission: A Biblical Theology of the Dwelling Place of God,* Downers Grove, IL: InterVarsity Press, 2004.

5. Ou, como vi no banheiro de um quarto de hotel no Marriott, "Somos todos hóspedes neste planeta". Isso não especifica, no entanto, *de quem* nós somos hóspedes.

glória, beneficia-se de sua provisão, serve a seus propósitos (em julgamento ou salvação) e está repleta de sua presença. Nós honramos a criação como sagrada nesse sentido — não como algo divino em si, não como algo que devemos cultuar (isso é explicitamente proibido; ver Dt 4,15-20; Jó 31,26-28; Rm 1,25), mas porque está relacionada a Deus em todas as dimensões de sua existência.

Aqui é onde estamos: na boa criação de Deus, inquilinos na propriedade de Deus, imagens de Deus no templo de Deus.

QUEM SOMOS?

Esta é a terra de Deus, portanto. Mas também é nossa terra. "O céu é do Senhor, porém a terra foi aos filhos dos homens que a entregou" (Sl 113B,24). A terra é o lugar de habitação humana. É propriedade de Deus, mas também é nossa responsabilidade. A terra é, em certo sentido, dada aos seres humanos de uma forma como não é dada aos outros animais. Então, quem somos?

O que faz de nós, humanos, tão especiais ou únicos? À primeira vista, a Bíblia enfatiza muito mais o que temos em comum com o resto dos animais do que algo diferente deles.

- Somos abençoados e recebemos a instrução de nos multiplicarmos — mas eles também, e antes de nós.
- Somos criados "no sexto dia" — mas só depois dos outros animais silvestres e domésticos.
- Somos criados do chão, por assim dizer, ou do "pó da terra" (Gn 2,7), o que não se pode dizer que nos faça superiores.
- Recebemos o "sopro da vida" — mas também o receberam todas as criaturas vivas que respiram (Gn 1,30; 6,17; 7,18.22; Sl 103,29-30).
- Recebemos o alimento de Deus — mas eles também (Gn 1,29-30).

De fato, é motivo de maravilhamento e regozijo que compartilhemos com todos os outros animais o amor, o cuidado e a provisão de Deus (Sl 103,14-30). Nós somos 'adam do 'adamah (como humanos do húmus, uma palavra que significa "o componente orgânico do solo"). Somos todos criaturas do Deus criador, e isso é maravilhoso.

O que, então, nos faz diferentes? Três coisas são afirmadas em Gênesis: fomos criados à imagem de Deus a fim de estarmos equipados para exercer o domínio dentro da criação (Gn 1,26-28); fomos colocados na terra (a princípio, no jardim do Éden) para servir e cuidar dela (Gn 2,15); e fomos criados, homem e mulher, para nos ajudar mutuamente nessas enormes responsabilidades (Gn 1,27; 2,18-25). Vamos analisar cada um desses aspectos isoladamente.

Criados para governar (Gn 1,26-28): reis, à imagem de Deus.

> Por fim, Deus disse: "Façamos o homem à nossa imagem, como nossa semelhança. Domine ele sobre os peixes do mar, sobre as aves do céu, sobre os animais domésticos, todos os animais selvagens e todos os répteis que rastejam sobre a terra".
>
> E Deus criou o homem à sua imagem;
> à imagem de Deus ele o criou;
> homem e mulher ele os criou.
>
> Deus os abençoou dizendo: "Sede fecundos e multiplicai-vos, enchei a terra e submetei-a; dominai sobre os peixes do mar, as aves do céu e todos os animais que rastejam sobre a terra".

A gramática desses versículos sugere que Deus cria os seres humanos *com a intenção* de que eles exerçam o domínio sobre o restante da criação animal, e que ele nos cria à imagem de Deus para nos equipar para essa função. As duas coisas (imagem de Deus e domínio sobre a criação) não são idênticas, mas estão estreitamente relacionadas: a primeira permite a segunda[6].

Somos criados para exercer o reinado delegado por Deus dentro da criação. Assim como imperadores erguiam estátuas (imagens) de si mesmos nos países que dominavam para indicar sua autoridade sobre esses reinos, os seres humanos, como a imagem de Deus, representam a autoridade do rei verdadeiro.

---

6. Quando duas orações "façamos" seguem-se uma à outra, a segunda pode ser entendida como o propósito da primeira. Por exemplo, "Façamos um intervalo agora e tomemos um café". Faz-se a primeira para poder fazer a segunda. Da mesma forma, quando Deus diz "Façamos a humanidade à nossa imagem… dominem eles as outras criaturas", a primeira é o que nos possibilita e equipa para a segunda.

Mas como Deus exerce seu reinado dentro da criação? Os Salmos nos contam. O Salmo 103 diz que Deus o faz cuidando e atendendo às necessidades de todas as suas criaturas, selvagens, domésticas e humanas. O Salmo 144 (que é endereçado a "meu Deus e meu rei") diz que Deus governa sendo compassivo, bom, fiel, generoso, protetor e amoroso com tudo o que ele criou.

É assim que *Deus* é rei. Portanto, o governo humano na criação nunca foi uma autorização para dominar, abusar, esmagar, devastar ou destruir. Isso é tirania tendo como modelo a arrogância da humanidade caída, não um reinado seguindo o modelo do caráter e do comportamento de Deus. O verdadeiro modelo de reinado é resumido em 1 Reis 12,7 ("Se hoje te fizeres o servidor deste povo"): servir mutuamente. O povo servirá o rei — sim, desde que ele os sirva e cuide deles sem injustiça. A terra servirá a nossas necessidades — sim, desde que exerçamos nosso reinado da maneira de Deus, servindo-a e cuidando dela.

Colocados para servir (Gn 2,15): sacerdotes, no serviço da criação. Isso decorre naturalmente do ponto anterior. Deus pega o homem que ele criou e o coloca no jardim (literalmente) "para o cultivar e o guardar". O domínio humano sobre a criação (Gn 1) deve ser exercido pelo serviço humano à criação (Gn 2). O padrão de servo-rei é muito claro, e esse modelo é seguido com perfeição, claro, pelo próprio Jesus, o humano perfeito e o filho de Deus, quando ele demonstra deliberadamente sua posição como senhor e mestre lavando os pés dos discípulos. Reinado exercido em serviço: esse é o modo de Cristo, e deve ser o nosso também.

Mas a linguagem de servir e guardar tem outra ressonância. É a linguagem do sacerdócio. Reiteradamente em Levítico é dito que a tarefa dos sacerdotes e dos levitas é servir a Deus no tabernáculo/templo e guardar a todos que Deus lhes confiou ali. Temos, portanto, um papel sacerdotal além de um papel de governantes dentro da criação. Temos autoridade para governar e temos responsabilidade de servir.

Assim, a linguagem de Deus colocando a sua imagem (seres humanos) dentro da criação tem conotações de templo também, pois é aí que as imagens dos deuses eram de fato colocadas: em seus templos. Com o cosmo funcionando como o macrotemplo de seu criador, Deus coloca sua própria imagem — o ser humano vivo — em seu templo para habitar ali com ele. A criação funciona como o lugar de morada de Deus e os seres humanos funcionam como a imagem de Deus, governando e servindo à criação em seu nome.

Criados em relacionamento, homens e mulheres, para nossa tarefa na criação. Os dois primeiros capítulos do Gênesis nos apresentam duas imagens diferentes, mas bastante complementares, do que significa ser homem e mulher.

Gênesis 1, por um lado, nos diz que, para os seres humanos, ser homem e mulher está estreitamente ligado a ser criado à imagem de Deus.

> E Deus criou o homem à sua imagem;
> à imagem de Deus ele o criou;
> homem e mulher ele os criou. (Gn 1,27)

A forma como esse versículo é estruturado, com seu forte paralelismo, mostra que há algo em nossa complementaridade de gênero (masculino e feminino) que reflete algo verdadeiro sobre Deus. Ou seja, ser homem e mulher *humanos* significa mais do que apenas nos capacitar a nos acasalarmos e reproduzirmos como o resto dos animais. A sexualidade humana faz parte do que significa ser a imagem de Deus (diz o versículo). Não que Deus tenha gênero ou seja sexualmente diferenciado, mas esse *relacionamento pessoal* é parte da natureza essencial de Deus e, portanto, também parte da natureza essencial da humanidade, uma vez que fomos criados à sua imagem. A complementaridade sexual humana e os relacionamentos pessoais que isso permite refletem *dentro da ordem criada* algo que é verdadeiro sobre Deus dentro de seu ser divino e não criado.

Gênesis 2, por outro lado, situa nossa masculinidade e nossa feminilidade no contexto da tarefa humana, como descrito anteriormente. Deus chamou toda a sua criação de "boa" e "muito boa". É um choque, portanto, quando ele anuncia que algo "não é bom" (Gn 2,18). O que não é bom é que o homem (a "criatura da terra") esteja sozinho. Mas, no contexto imediato, o problema dessa solidão não é meramente o fato de que ele ficaria solitário, em um sentido emocional. Deus não está tratando meramente de um problema psicológico, mas de um problema da criação.

Deus deu uma tarefa imensa para essa criatura em Gênesis 2,15. Ele foi colocado no jardim "para o cultivar e o guardar". Quando acrescentamos isso à tarefa especificada no relato anterior da criação — "encher a terra e submetê-la" e governar o resto da criação animada (Gn 1,28) —, a tarefa humana parece não ter limite. Um homem não pode enfrentar esse desafio sozinho. Isso "não é bom". Ele precisa de ajuda. Deus decide, então, não encontrar uma *companhia* para que ele não se sinta sozinho, mas encontrar um *"auxiliar* para ficar ao seu lado e se equiparar a ele" nessa enorme tarefa que lhe foi imposta como servo, guardião, complementador, dominador e governante da criação. O homem não precisa apenas de companhia. Ele precisa de ajuda[7]. Homem e mulher são necessários não só para o relacionamento mútuo em que eles refletirão Deus (embora certamente para isso), mas também para ajuda mútua no cumprimento do mandato de criação confiado à humanidade.

A humanidade, então, é criada em relacionamento, para o relacionamento e para uma tarefa que requer cooperação relacional — não só no âmbito biológico básico em que apenas um homem e uma mulher podem produzir filhos para encher a terra, mas também no âmbito social mais amplo, em que homens e mulheres têm seu papel de assistência mútua na grande tarefa de governar a criação em nome de Deus.

O QUE DEU ERRADO?

As coisas não acontecem como Deus almejava. O pecado entra na vida humana graças à rebelião e à desobediência. A profunda simplicidade das narrativas de Gênesis 3–11 nos mostra pelo menos três coisas sobre o pecado que o restante da Bíblia pressupõe e demonstra de diversas maneiras.

---

7. É importante observar que a palavra hebraica traduzida como "auxiliar" em Gênesis 2,18 não implica nenhuma inferioridade (como algum tipo de mero assistente pessoal). A palavra é mais frequentemente usada no Antigo Testamento para o próprio Deus, de cuja ajuda certamente precisamos, mas que de forma alguma é nosso inferior. E a palavra traduzida pela NIV (New International Version) como "conveniente" significa "ao lado" ou "equivalente a". O texto está enfatizando a igualdade equiparada do homem e da mulher na tarefa da criação atribuída por Deus à humanidade como a imagem de Deus.

O pecado infecta todas as partes da vida de todo ser humano. Os capítulos iniciais do Gênesis nos contam mais sobre nós mesmos como seres humanos além de termos sido criados à imagem de Deus pelas razões mencionadas anteriormente.

Os seres humanos são *físicos* (somos criaturas no mundo físico criado); *espirituais* (temos uma intimidade única de relacionamento com Deus); *racionais* (temos poderes únicos de comunicação, linguagem, identificação, consciência, memória, emoções e vontade); e *sociais* (ser homem e mulher reflete a dimensão relacional de Deus e está na base de todos os relacionamentos humanos). Todas essas dimensões são combinadas na pessoa humana integrada. Não são partes diferentes que podem ser separadas, mas dimensões diferentes da pessoa inteira.

A história da tentação de Eva (com a cumplicidade de Adão — ele está ali "com ela"; ver Gn 3,6) envolve todas essas quatro dimensões da vida humana, mostrando como o pecado entra em todas elas.

> A serpente era o mais astuto de todos os animais do campo que o Senhor Deus fizera. Disse ela à mulher: "Então, foi isto mesmo que Deus mandou: Não podeis comer de nenhuma árvore do jardim do paraíso?".
>
> Respondeu a mulher à serpente: "Podemos comer dos frutos das árvores do jardim do paraíso; somente do fruto da árvore que está no meio do jardim do paraíso Deus disse: 'Não podeis dele comer, nem tocá-lo, senão morrereis'".
>
> A serpente disse à mulher: "Nada disso! Vós não morrereis! Mas Deus sabe que, no dia em que dele comerdes, seus olhos se abrirão e sereis como Deus, conhecendo o bem e o mal".
>
> A mulher viu que a árvore era apetitosa para se comer, de aspecto atraente e desejável para adquirir a inteligência. Tomou então do fruto e comeu. Deu também ao marido, que com ela estava, e este comeu. (Gn 3,1-6)

- Espiritualmente, Eva começa a duvidar da verdade e da bondade de Deus, o que abala sua confiança e sua obediência.
- Mentalmente, ela contempla o fruto da árvore do conhecimento do bem e do mal: seu pensamento é racional (é apetitoso para comer), estético (tem aspecto atraente) e intelectual (é desejável para adquirir a inteligência). Todas essas capacidades da mente

humana são boas em si. A Bíblia as enaltece como bons presentes de Deus. Não há nada errado no fato de Eva usar sua mente; o problema é que agora ela está usando todas as suas capacidades *em uma direção que foi proibida por Deus*. O problema não é a racionalidade, mas a desobediência.

- Fisicamente, "ela tomou e comeu". Esses verbos simples descrevem a ação física no mundo físico. Ela usa as mãos e a boca para cometer um ato de desobediência.
- Socialmente, ela compartilha o fruto com Adão, "que com ela estava". Adão aceita o ato. Ele ouve a conversa, mas não faz nada para contestá-la. E, assim, o pecado que já é espiritual, mental e físico também se torna compartilhado — entra no núcleo do relacionamento humano, produzindo vergonha e medo.

A Bíblia prossegue mostrando como o pecado continua a corromper essas mesmas quatro dimensões da vida e da experiência humana.

- Espiritualmente, estamos alienados de Deus, temerosos da presença de Deus, desconfiados da verdade de Deus e hostis ao amor de Deus.
- Racionalmente, usamos nossa mente, como o primeiro casal humano, para racionalizar e justificar nosso pecado, culpar os outros e nos desculparmos. Nosso pensamento ficou obscurecido.
- Fisicamente, somos sentenciados à morte, como Deus decretou, e sofremos invasão da morte por doença e decadência na própria vida, enquanto todo o nosso ambiente físico também geme em vão sob a maldição de Deus.
- Socialmente, a vida humana é fraturada em todos os níveis, com raiva, ciúme, violência e assassinato, mesmo entre irmãos na história de Caim e Abel, que se ampliou em uma terrível decadência social e em conflitos internacionais que o resto da narrativa bíblica retrata com vivacidade.

Romanos 1,18-32 é o comentário incisivo de Paulo sobre o reinado universal do pecado na vida humana e na sociedade. Lendo sua análise arrasadora, podemos ver todas as mesmas quatro dimensões da personalidade humana envolvidas em pecado e rebelião humanos. Não há nenhuma parte da pessoa humana que não seja afetada pelo pecado. O pecado é uma espécie de poder que exerce seu domínio sobre nós — até ser derrotado por Cristo na cruz.

O pecado afeta a terra. Quando seres humanos escolhem se rebelar contra seu criador, sua desobediência e sua queda afetam todo o seu ambiente físico. Isso fica imediatamente claro nas palavras de Deus para Adão: "Maldita seja a terra por tua causa" (Gn 3,17). Isso era inevitável. Não somos apenas parte de todo o sistema interdependente da vida na terra; nós somos a espécie dominante. Quando a humanidade se rebela contra Deus, o restante da ordem criada sofre o efeito. Não somos somente alienados de Deus; não somos somente alienados de um ambiente que, muitas vezes, parece hostil e resistente; mas também a própria terra é sujeita à frustração, como Paulo também diz — incapaz de glorificar a Deus livre e plenamente como foi criada para fazer, até que nós e ela sejamos libertados dessa maldição (Rm 8,19-23).

Esses primeiros capítulos do Gênesis mostram que o problema não é apenas o fato de os seres humanos pecadores viverem em rebelião contra Deus, mas também a terra amaldiçoada, que é o local do seu mal e contribui para seu sofrimento. Por exemplo, quando Lamec (o descendente de Set, não de Caim) tem um filho, ele o chama de Noé (que significa "descanso" ou "consolo"), dizendo: "Este, no meio de nossos trabalhos e da fadiga de nossas mãos, nos trará uma consolação tirada do solo que Javé amaldiçoou" (Gn 5,29). Esse é o desejo da humanidade: que Deus tire a maldição da terra. Mas isso não acontece na vida do filho de Lamec (não acontecerá até o final da história, em Ap 22,3). Pelo contrário, o julgamento de Deus cai na forma do dilúvio, especificamente sobre a terra e suas criaturas, bem como sobre a humanidade pecadora (Gn 6,6-7.13.17). O pecado traz o julgamento de Deus sobre a criação, assim como sobre a humanidade — pois estamos unidos. Também estamos unidos quando a graça de Deus traz a salvação para a criação junto com a humanidade — mas essa é a história mais longa.

A QUE SE REFERE A MALDIÇÃO DO SOLO?

Não acho que devamos considerar a queda da humanidade no pecado e a maldição de Deus sobre a terra como a causa de todos os fenômenos da natureza que podem ameaçar a vida humana se estivermos por perto quando eles acontecem (terremotos, inundações, vulcões, *tsunamis* etc.). Esses processos naturais, quando as placas tectônicas da crosta terrestre se deslocam, são e sempre foram parte da forma como este planeta é estruturado — muito antes de os seres humanos chegarem e caírem no pecado. Mais do que isso, são uma parte necessária das condições para a vida humana (de fato, para toda a vida na Terra). Sem o deslocamento das placas tectônicas, não haveria montanhas. Sem montanhas, não haveria precipitações, rios e clima variável. Sem vulcões, rios e inundações, não haveria solo fértil. Essas são realidades geológicas e climáticas. Não podemos dizer a Deus como ele deveria ter feito o mundo[8].

Penso que a maldição da terra se refere ao solo, a superfície da terra em que vivemos e da qual dependemos (esse é o significado comum da palavra *'adamah* em Gn 3,17), e não a todo o planeta. É uma maldição funcional, em que nossa relação humana com a terra em que vivemos é radicalmente distorcida pelo pecado e pelo mal. A terra reage. Temos de suar e lutar meramente para comer o pão. Em um nível, a maldição da terra é um modo de descrever o fato óbvio de que nós, humanos, estamos em desarmonia com nosso ambiente natural de várias maneiras que prejudicam a nós e a ao ambiente em que vivemos.

Entretanto Paulo também nos diz que a própria criação é frustrada em sua função primária de glorificar a Deus (Rm 8,20). Sim, como dizem os Salmos, a criação ainda declara a glória de Deus, mas não pode (ainda) fazê-lo tão plenamente como Deus pretendia, porque está sujeita ao mesmo tipo de esterilidade e frustração que atrapalha a vida humana, também por causa de nosso pecado e de nossa revolta. Contudo a grande boa-nova (o evangelho) de toda a história da Bíblia é que *a criação como um todo* está incluída no grande plano de salvação de Deus. Nosso destino em Cristo não é ser salvo *da terra* e ir para outro lugar, mas ser salvo, redimido, *junto com toda a criação*, que foi reconciliada com Deus pelo sangue de Cristo derramado na cruz (Sl 95,11-13; Is 65,17-25; Rm 8,18-25; Ef 1,9-10; Cl 1,15-20; Ap 21-22). E, nessa nova criação, "não haverá nada amaldiçoado" (Ap 22,3).

O pecado permeia a sociedade e a história humana. A narrativa de Gênesis 4–11 prossegue com um avanço da iniquidade. A primeira família testemunha a erupção de ciúme, raiva e assassinato entre irmãos

---

8. Para uma explicação e discussão útil desses pontos, ver WHITE, Robert S., *Who Is to Blame? Disasters, Nature and Acts of God*, Grand Rapids: Monarch, 2014.

(Caim e Abel). As gerações depois de Caim misturam desenvolvimento cultural com vanglória e escalada da violência (Gn 4,19-24). Gerações passam, com o sino fúnebre da morte acabando com cada uma delas, por mais longas que sejam suas vidas (Gn 5). Toda a sociedade humana torna-se uma massa de violência e corrupção (Gn 6,5.11-13). Mesmo depois das águas purgadoras do dilúvio e da emergência de um novo começo para a criação, com as palavras de bênção de Deus ecoando Gênesis 1, o pecado retorna na família de Noé (Gn 9,18-29). E a narrativa primordial atinge seu clímax em Babel, com o mundo inteiro das nações confuso, dividido e espalhado pela face da Terra (Gn 11,1-9).

A imagem é bidimensional: o pecado se espalha horizontalmente na sociedade e se amplia verticalmente entre gerações. A vida e as culturas humanas tornam-se cada vez mais carregadas de pecado coletivo. Esse pecado coletivo de alguma forma se consolida em um poder ou uma força que é muito mais do que o fato de que todos nós individualmente somos pecadores. O pecado se torna endêmico, estrutural e incorporado na história. Os livros históricos do Antigo Testamento contam a história sombria de como as coisas pioram cada vez mais em Israel com o passar das gerações. Os profetas veem não só o pecado de indivíduos, mas também o modo como a sociedade como um todo se tornou apodrecida e corrompida. Isaías, por exemplo, ataca os que legalizam a injustiça, aprovando leis que dão legitimidade estrutural à opressão:

> Ai dos que decretam leis iníquas e ditam sentenças de opressão, recusam justiça aos pobres e defraudam o direito dos fracos do meu povo. (Is 10,1-2)

Cada rei em Jerusalém parece ser pior do que o anterior (com pouquíssimas exceções, como Ezequias e Josias), até que o peso do mal acumulado se torna simplesmente intolerável para Deus.

Essas histórias da História Primordial, portanto, contêm imensas profundidades de verdade sobre o triângulo de relações entre Deus, a humanidade e toda a ordem criada. A Bíblia nos oferece uma avaliação radical e profunda dos efeitos de nossa rebelião voluntariosa e da queda na desobediência, no egocentrismo e no pecado. Não se trata apenas de todas as dimensões da pessoa humana serem afetadas pelo pecado. Não é apenas o fato de que cada pessoa humana é pecadora. Também nossas relações sociais e econômicas uns com os outros, no sentido horizontal e no âmbito histórico, e nossa relação ecológica com a própria terra foram pervertidas e distorcidas por nosso pecado coletivo, nossa idolatria e nosso conluio com poderes satânicos do mal.

QUAL É A SOLUÇÃO?

As respostas para nossas três primeiras perguntas produziram um problema vasto em uma escala cósmica. Vivemos na criação de Deus, mas a estragamos com nosso pecado. Somos feitos à imagem de Deus, mas deixamos de refletir o caráter de Deus. Vivemos como uma multidão de nações e culturas, mas usamos a diversidade étnica como causa de ódio, violência e injustiça entre as nações. Somos individualmente pecadores e desobedientes ao Deus que nos criou, nos provê e nos ama. Somos, como diz Paulo, escravos do domínio do pecado. Em todas essas dimensões, a Terra inteira está sob o julgamento de Deus.

Se existe alguma solução para essas situações desesperadas, ela não pode vir de nós. Somos muito radicalmente falhos para fornecer a resposta para nossa própria confusão, como se demonstraram em milênios da história da humanidade. É importante ver que a Bíblia não retrata todo esse problema fazendo a pergunta "Como podemos todos chegar ao céu quando morrermos?". Nossos textos não falam da necessidade de irmos para algum outro lugar para estar com Deus e de como podemos fazer isso, já que somos tão pecadores. O problema é: como o Deus criador santo e amoroso habitará mais uma vez em harmonia com os humanos que ele criou à sua própria imagem no meio da terra que está agora sujeita à maldição de Deus? Como podemos ser e fazer, dentro da criação de Deus, o que fomos criados para ser e fazer? Como Deus pode, mais uma vez, andar e conversar conosco no jardim, agora que somos rebeldes contra ele? Esse é o problema que a Bíblia inteira aborda — e finalmente resolve, já que a grande visão culminante da Bíblia não tem a ver com irmos para outro lugar ("para o céu"), mas com *Deus vindo aqui para morar conosco*, com todos os redimidos pelo sangue de Cristo de todas as nações, no céu e na terra unificados da nova criação, purificados de todo pecado e todo mal.

Essa é a solução que somente Deus oferece, já que nós não podemos. É a solução que toda a história da Bíblia, centrada na morte e na ressurreição de Jesus Cristo, apresentará como evangelho, como boa-nova. E é a solução que resolverá todas essas três grandes necessidades: o pecado de cada indivíduo, a fratura das nações e a maldição e a frustração da terra. Há sugestões e indicações dessas questões na História Primordial, mas podemos vê-las mais claramente à luz do que se segue em nosso próximo capítulo.

Abraão 2

> Em ti serão abençoadas todas as famílias da terra.
> GÊNESIS 12,3

Os seres humanos são radicalmente falhos e vivem em uma rebelião pecadora contra Deus. O solo em que vivemos é amaldiçoado e a criação é prejudicialmente afetada por nosso pecado. As nações estão dispersas e confusas. É um problema enorme. E, quando chegamos a Gênesis 11, podemos pensar: "O que Deus pode fazer agora? Há alguma esperança para a humanidade e para a Terra?".

Na verdade, mesmo dentro da História Primordial, Deus já deu indicações de que o pecado e o mal não terão a última palavra — para a raça humana, a terra ou as nações. Deus tem planos para os três.

Em Gênesis 3,15, Deus assegura à serpente que, embora vá haver inimizade entre sua descendência e a da mulher (ou seja, conflito destrutivo entre o mundo do mal satânico e a raça humana), no fim será um ser humano (descendência da mulher) que esmagará a cabeça da serpente. Deus garante vitória sobre a fonte do mal e da tentação. Deus se assegura de que a raça humana não venha a ser destruída por tudo o que a serpente representa. Esse versículo é, às vezes, chamado de *protoevangelium*, ou "primeiro evangelho", o primeiro anúncio da boa-nova de que Deus terá a vitória sobre Satanás por intermédio de um ser humano. Sabemos, claro, que esse anúncio será futuramente cumprido por intermédio do homem Jesus de Nazaré. Mas aqui, neste contexto, é simplesmente uma declaração de esperança para o futuro último da humanidade baseada na afirmação de Deus da vitória sobre a serpente. Deus vencerá, e o fará por intermédio de um ser humano.

Em Gênesis 8,15–9,17, Deus traz Noé e sua família e todos os animais para fora da arca para o que é, efetivamente, um novo começo para a própria criação (notam-se os ecos de Gn 1 em Gn 8,17; 9,1.7). Pela primeira vez no registro bíblico, Deus faz uma aliança, uma promessa e um compromisso solenes. Mais significativamente, não é uma aliança apenas com Noé (embora seja comumente determinada assim), mas uma aliança com toda a vida na Terra. A expressão "todos os seres vivos" é repetida várias vezes. A promessa de Deus é, na negativa, que ele nunca mais destruirá a terra com um dilúvio e, positivamente, que ele preservará as condições para a vida na terra enquanto a terra durar. E essa, diz Deus, é uma "aliança perpétua". Há esperança para a terra bem como para a humanidade. O julgamento de Deus caiu sobre ambas; agora, sua promessa de aliança inclui ambas.

Mas espere. Aqui está o problema. Deus promete nunca destruir a Terra ou a raça humana que está nela; no entanto, ao mesmo tempo, Deus diz: "pois os pensamentos que o coração do homem forma são maus desde a juventude" (Gn 8,21)[1]. Contudo, se Deus sabe o quanto os humanos são profundamente pecadores, como isso pode não levar inevitavelmente a um novo julgamento e à destruição? Certamente deveria ser assim — a menos que Deus tenha algum outro plano. E logo (em Gn 12) descobrimos que é exatamente isso que acontece.

Em Gênesis 11, a história da Torre de Babel, a confusão de línguas, é, em um nível, um ato de julgamento divino. No entanto, nas próprias palavras de Deus em Gênesis 11,6-7, a intenção é evitar algo pior.

> Toda a terra empregava a mesma língua e as mesmas palavras. Ora, ao emigrarem os homens para o Oriente, encontraram uma planície na região de Sinar e aí se fixaram.

---

1. A NIV diz "apesar de" em vez de "pois". Porém sua nota de rodapé está provavelmente certa — a palavra deveria ser traduzida como "pois". Deus *sabe* que os humanos continuarão a pecar, *portanto* ele escolhe fazer esse compromisso. A graça de Deus se apresenta não tanto *apesar* do pecado humano, mas precisamente *por causa* dele.

Disseram então uns aos outros: "Vamos! Façamos tijolos e cozamo-los ao fogo!". Os tijolos lhes serviam de pedra, e o betume, de argamassa. E disseram: "Vamos! Construamos uma cidade com uma torre cujo cimo atinja os céus! Tornemo-nos famosos e não nos dispersemos pela terra toda!".

Desceu o Senhor a fim de ver a cidade com a torre que os filhos dos homens estavam construindo. E disse o Senhor: "São um só povo com uma só língua, e tal é o começo de suas façanhas! E agora nada do que intentarem lhes será impossível. Eia, pois! Desçamos e lá mesmo confundamos-lhes a língua, para que ninguém mais compreenda a fala do outro!".

Assim, o Senhor os dispersou por toda a terra, e deixaram de construir a cidade. (Gn 11,1-8)

Deus pôde prever qual poderia ser o resultado da arrogância humana e como isso frustraria os planos divinos. Fica claro em Gênesis 9–10 que a intenção de Deus era que os seres humanos se multiplicassem e proliferassem (dispersassem) pela terra. Gênesis 11 representa uma interrupção nisso, quando as pessoas decidem se estabelecer em um único lugar, construir uma torre, construir um nome para si próprias e *não se proliferar* como Deus pretendeu. Deus percebe que essa arrogância coletiva seria desastrosa, e a história mostra que, quando os humanos tentam criar uma estrutura uniforme e totalitária para sua vida, isso sempre acaba em tirania e sofrimento. Assim, Deus confunde e dispersa, como medida preventiva tanto quanto punitiva. A dispersão pela face da terra é o que Deus pretendia de qualquer modo. A confusão de línguas impede a raça humana de alcançar unidade completa *enquanto ainda permanecemos em nosso estado de arrogância, pecado e rebelião*. Deus tem planos melhores para as nações do mundo, planos que preservarão sua diversidade étnica, cultural e linguística ("gente de todas as nações, tribos, povos e línguas", Ap 7,9) e, ao mesmo tempo, as unificarão, não em rebelião unida contra Deus, mas em culto unido de Deus e do Cordeiro de Deus.

A História Primordial termina com enormes problemas apresentados e não resolvidos, mas tendo Deus ainda, basicamente, no controle, anunciando que o pecado da humanidade não terá a vitória final sobre os bons propósitos de Deus para sua boa criação.

Mas, ainda assim, nós nos perguntamos de novo: o que Deus pode fazer agora?

Entram Abraão e Sara (na verdade, Abrão e Sarai, mas nós os conhecemos melhor pelos nomes que Deus lhes deu um pouco mais adiante na história).

CHAMADO DE DEUS E PROMESSA A ABRAÃO E SARA

Gênesis 12 vem depois de Gênesis 11. Esse conhecimento não fará de você um ph.D., mas é crucialmente importante para compreender o que vem em seguida na história da Bíblia. Pois é em relação ao pano de fundo das histórias desastrosas contadas em Gênesis 3–11 que devemos ver a significância da intervenção de Deus na vida desse homem, Abraão.

Essas histórias nos contaram que a terra estava sob a maldição de Deus, que algumas pessoas tentaram (e não conseguiram) tornar grande o seu próprio nome e que as nações estão se dispersando por toda a terra. Quando Deus chama Abraão, é para iniciar um projeto que trará bênção em vez de maldição, que tornará grande o nome de Abraão (e não de Babel) e que por fim se espalhará (por meio do povo de Abraão) para todas as nações da terra. Em outras palavras, devemos ver Gênesis 12 como o início da história que responde aos problemas esboçados em Gênesis 1–11.

Em exames, as perguntas no papel do exame podem ser curtas, mas as respostas precisam ser longas. Olhando para a Bíblia, poderíamos dizer que Gênesis 12–Apocalipse 22 é a longa resposta de Deus para as perguntas postas em Gênesis 1–11: o que Deus pode fazer quanto à ruptura da humanidade, da terra e das nações?

A história começa quando o pai de Abraão, Terá, leva sua família para o norte, saindo de Ur (no que é hoje o sul do Iraque) para Haran (provavelmente no que é hoje o nordeste da Síria), e se estabelece ali por um tempo (Gn 11,27-32). Daí, Deus manda Abraão partir confiando na promessa de Deus. As palavras são justamente famosas e concluem com a frase deste capítulo.

E o Senhor disse a Abrão: "Parte para longe de tua pátria, de teus parentes e da casa de teu pai, e dirige-te ao país que eu te indicar.

Pois de ti farei uma grande nação, hei de abençoar-te e engrandecer teu nome: sejas tu uma bênção! Abençoarei os que te abençoarem e amaldiçoarei os que te amaldiçoarem. Em ti serão abençoadas todas as famílias da terra". (Gn 12,1-3)

Quando Abraão obedece e chega à terra de Canaã, Deus acrescenta mais esta promessa: "À tua descendência hei de dar este país" (Gn 12,7).

Essa promessa fundacional é repetida em Gênesis 15, em que Deus faz um juramento solene, prometido no próprio nome de Deus. Este é repetido em Gênesis 17, onde Deus usa a linguagem específica de uma aliança, muda o nome de Abrão para Abraão e de Sarai para Sara, dá início ao sinal da aliança da circuncisão e repete a promessa de uma terra para os descendentes de Abraão. Isso é repetido ainda uma vez em Gênesis 22, em que a promessa é novamente reforçada por um juramento.

Essa repetição, por si, mostra como é importante a promessa para Abraão e Sara, e o restante da história da Bíblia confirma isso. Deus está iniciando algo aqui que percorrerá os séculos do Israel do Antigo Testamento, se conectará ao evangelho do reino de Deus na pregação de Jesus e Paulo, definirá a teologia da missão da Igreja no Novo Testamento e, por fim, repousará apenas quando estiver completamente cumprido na nova criação. A segunda de nossas sete frases, portanto, se estende por toda a história da Bíblia até o final.

Precisamos olhar para essa promessa complexa por dois ângulos. De um lado, ela contém três promessas *particulares* que são a base da vida e da fé de Israel no Antigo Testamento e, de fato, moldam sua narrativa central. De outro, ela antevê uma meta *universal* que incluirá todas as nações da terra[2].

TRÊS PROMESSAS PARTICULARES

Uma nação. A primeira coisa que Deus diz a Abraão é que ele irá gerar uma grande nação. Isso parece maravilhoso, até sabermos que

---

2. Examinei o grande alcance e as implicações universais da promessa de Deus a Abraão e Sara ao longo de toda a Bíblia em *The Mission of God: Unlocking the Bible's Grand Narrative,* Downers Grove, IL: InterVarsity Press, 2006, 191-264; e *The Mission of God's People,* Grand Rapids: Zondervan, 2010, 63-95.

Sara não teve nenhum filho ainda e Abraão já tem 75 anos de idade. As perspectivas não são muito animadoras. As estatísticas de crianças nascidas de septuagenários no mundo antigo provavelmente não eram muito mais altas do que são hoje. Sempre imaginei os anjos dando assobiozinhos de espanto quando Deus anunciou: "Eu tenho esse grande plano de salvar o mundo. Será por meio deste casal idoso e sem filhos aqui, multiplicando seus descendentes!".

Assim, já no começo da história, descobrimos que Deus vai agir não só por intermédio de indivíduos, mas também por intermédio de uma comunidade, de um povo. Claro que os indivíduos se destacarão constantemente na história, para o bem ou para o mal. Mas a intenção de Deus é criar um povo, descendente de Abraão, para levar esperança para o mundo. Qualquer salvação, qualquer redenção, restauração e bênção que estejam pela frente serão disponibilizadas para o mundo por meio desse povo. Eles são chamados à existência e escolhidos para esse fim. Mais adiante na história, nós os conheceremos como Israel.

Suponho que poderíamos imaginar que Deus talvez pudesse trazer a salvação para o mundo simplesmente identificando indivíduos ao longo de toda a história e da geografia do mundo e salvando-os individualmente, um por um. Claro que é verdade que devemos todos responder a Deus pessoalmente, um por um. Mas o plano de Deus para o mundo (o mundo de Gn 3–11 em toda a sua ruptura pessoal, social, terrena e internacional) sempre foi criar um povo, toda uma população, em última instância, para a nova geração. Ele começa com Abraão e Sara. E, a partir deles, Deus chega à criação do povo de Israel no Antigo Testamento. Esse é o primeiro elemento da promessa, portanto — uma nação por vir.

Bênção. O segundo tema da promessa de Deus a Abraão e Sara é formulado na linguagem rica da bênção. A palavra ocorre cinco vezes em dois versículos. Deus declara

- que ele *abençoará* Abraão;
- que Abraão será uma *bênção*;
- que Deus *abençoará* os que *abençoarem* Abraão;
- que todas as famílias da Terra serão *abençoadas* por meio dele.

Esse será o conteúdo da relação de aliança entre Deus e Abraão e seu povo. A promessa feita ao próprio Abraão é mais tarde expandida nas afirmações mais amplas de aliança que Deus faz para todo o povo — "Eu serei vosso Deus e vós sereis meu povo" (que ocorre muitas vezes no Antigo Testamento). Essa é uma relação de compromisso mútuo que trará bênção para os envolvidos e, por intermédio deles, trará bênção ao mundo.

Mas o que significa *bênção*?

Bem, o que a palavra significou até aqui em Gênesis? O relato inicial da criação usa a palavra três vezes, nos dias cinco, seis e sete. A bênção é constituída de fecundidade, abundância e multiplicação na ordem natural, e dos humanos desfrutando o descanso do próprio Deus dentro da criação boa de Deus. Depois, quando Deus ordena a Noé que saia para um mundo renovado após o dilúvio, a linguagem transborda de novo: a bênção de multiplicação e disseminação, desta vez unida ao compromisso de aliança de Deus com toda a vida na terra, como vimos.

No restante do Gênesis, esse mesmo conteúdo criacionista de bênção ocorre repetidas vezes. De fato, a raiz hebraica para "bênção" (*barak*) ocorre oitenta e oito vezes em Gênesis, o que representa mais de um quinto de todos os seus usos no Antigo Testamento inteiro. Quando Deus abençoa, isso normalmente inclui aumento de família, rebanhos ou riqueza. A bênção de Deus significa desfrutar as boas dádivas da criação de Deus, como Deus pretendeu.

Mas, claro, isso não deve ser distorcido da maneira como o chamado evangelho da prosperidade faz. Deus pode abençoar as pessoas com as muitas formas de bênção material que estão incluídas na criação, e o faz, mas estas devem ser desfrutadas *dentro de uma relação certa com Deus e os outros*. Há também uma dimensão relacional e ética na bênção. Não é algo distribuído mecanicamente em troca de provas de fé, ou "sementes de fé". Não é algo que se reivindica com alguma sensação de direito com base nas promessas falaciosas de pregadores gananciosos. O restante da Bíblia mostra que Deus pode abençoar as pessoas de muitas outras maneiras, espiritualmente e no âmbito relacional, mesmo quando elas não têm a plenitude das coisas boas da criação de Deus[3].

---

3. Analiso todos os ricos significados de *bênção* na Bíblia (para aguçar seu apetite: ela é criacionista, relacional, missionária, histórica, de aliança e ética) em

Sabemos, como diz Paulo, que Deus nos abençoou com todas as bênçãos *espirituais* em Cristo (Ef 1,3). Mas essa verdade maravilhosa não elimina as grandes dimensões criacionistas da bênção de Deus de que desfrutamos simplesmente por viver na terra de Deus.

Terra. Deus chama Abraão *para fora* da terra de Babel, o grande império mesopotâmico. A salvação não virá para o mundo por meio de impérios humanos, por mais poderosos que eles sejam. Deus diz a Abraão para ir para uma terra que ele lhe mostrará, que será a terra de Canaã. Abraão mantém-se como um residente temporário ali, deslocando-se em um estilo de vida seminômade. Em um ponto, ele compra um pequeno pedaço de terra para enterrar sua esposa, e esta é a única base que ele tem na terra que Deus lhe prometeu. Ele morre sem ter posse da terra, mas com a promessa de Deus de que seus descendentes a terão (Hb 11,8-16 dá grande destaque a essa vida de fé voltada para o futuro e vê nela um sinal de uma herança ainda maior que ainda está à nossa frente).

O que é com frequência negligenciado, embora seja, na verdade, muito significativo, é que o próprio Deus oferece o motivo pelo qual a posse da terra de Canaã não acontecerá até várias centenas de anos mais tarde. Ele diz a Abraão, quando renova sua promessa a ele em Gênesis 15, que seus descendentes voltarão a essa terra só depois de quatro gerações de escravidão em uma terra estrangeira (que ficamos sabendo depois que é o Egito), "pois não chegou ainda a seu auge a iniquidade dos amorreus" (Gn 15,16). Em outras palavras, a população e a cultura de Canaã no tempo de Abraão ainda não são tão pecadoras para justificar a ação de Deus em julgamento contra eles. Mas esse momento chegará. Será alcançada a medida completa. Quando chegamos ao ponto em que Israel se posiciona nos limites da terra, ficamos sabendo que a iniquidade das nações ali atingiu uma profundidade de depravação que inclui não só opressão econômica, idolatria e cultos sexuais imorais, como também o sacrifício de crianças (Lv 18,1-5.24-28; 20,22-24; Dt 9,1-6; 12,29-31). Isso significa que, embora a conquista israelita de

---

Salvation Belongs to Our God: Celebrating the Bible's Central Story (Downers Grove, IL: InterVarsity Press, 2008), 58-89.

Canaã no livro de Josué componha uma história problemática, temos de vê-la dentro desse âmbito moral do julgamento de Deus. Esse episódio não pode ser visto meramente como genocídio não provocado de uma nação contra outra. Ele é apresentado como Deus usando Israel como agente de sua justiça contra um grupo pecador de nações — da mesma forma como Deus, mais tarde, usa consistentemente outras nações como agentes de sua justiça contra o próprio Israel, quando seu pecado atinge um nível máximo e eles seguem os costumes idólatras de Canaã (algumas outras perspectivas serão apresentadas no próximo capítulo).

Conscientes de tudo isso, podemos observar, no entanto, que o dom da terra para Israel é um dos elementos centrais da promessa de Deus a Abraão e um dos pilares da fé de Israel daí por diante. Eles são o povo de Javé na terra de Javé. Como o filho primogênito de Javé, a terra é a herança que lhes foi dada por ele.

Portanto: povo, bênção, terra. Estes são os elementos substantivos da promessa de Deus a Abraão e Sara:

- eles terão um filho, por intermédio do qual Deus fará deles uma nação;
- essa nação viverá em uma relação de aliança com Deus;
- eles desfrutarão da bênção dessa relação na terra que Deus lhes dará.

UMA HISTÓRIA PARTICULAR

Essas três grandes promessas, no entanto, não são apenas itens em uma lista. Elas dão forma à história que vem à frente. Dão um senso de propósito e coerência aos eventos que se seguem no resto do Pentateuco e entrando pelos livros de Josué, Juízes e 1 Samuel. Essa longa narrativa, que se estende por vários séculos, é a história de Deus mantendo sua promessa a Abraão, uma parte por vez. Eis como isso foi feito.

Povo. O restante do livro de Gênesis conta a história de como Deus começa a cumprir o primeiro elemento da promessa, embora com muito suspense quanto a se e como ele o fará. Anos se passam antes que Isaac nasça. Então, Deus instrui Abraão a sacrificá-lo. Isaac é poupado desse destino, mas sua família é dividida por causa da rivalidade entre irmãos e das ameaças de morte entre Esaú e Jacó. Eles se reconciliam, mas a família do próprio Jacó entra em uma briga mais prolongada por causa de José, que acaba no Egito e, pela graça de Deus, salva toda a família da fome e da extinção. No entanto, mais reconciliação de irmãos é necessária. No final do Gênesis, a família de Abraão cresceu e conta com setenta pessoas vivendo como refugiadas da fome no Egito.

Nada que ainda nos faça ver uma grande nação. Mas é um começo.

Bênção. A história de como Deus traz Israel para a relação de aliança consigo ocupa os próximos dois livros e meio — Êxodo, Levítico e a primeira parte de Números. Israel tornou-se uma grande nação (Ex 1,7) — essa parte está cumprida. Mas eles estão em escravidão. Deus atua para resgatá-los do Egito e, então, os traz até ele no Monte Sinai. Lá, Deus entra em uma relação de aliança com eles e conclama-os a amá-lo e obedecer-lhe como forma de desfrutar das bênçãos de sua redenção (observe que a salvação vem antes da lei; voltaremos a este ponto no próximo capítulo). Mesmo essa parte da história também envolve suspense, uma vez que Israel rompe a aliança logo que ela é feita (Ex 32–34). Pela graça misericordiosa de Deus, eles são salvos da destruição, e Deus lhes impõe um sistema de sacrifício e sacerdócio e um lugar em que a sua presença habitará entre eles (o tabernáculo), para que a relação de aliança possa ser mantida no futuro. Levítico termina com uma promessa de bênção contínua da aliança (ou o oposto, se as pessoas persistirem em rebelião pecadora).

A relação está estabelecida — não sem sérios obstáculos, mas sobre a base da graça misericordiosa e amparadora de Deus.

Terra. Todos os eventos e ensinamentos entre Êxodo 19 e Números 9 ocorrem no Monte Sinai. Em Números 10, no entanto, Deus manda os israelitas continuarem o caminho e seguirem para a Terra Prometida — o terceiro elemento em sua promessa para Abraão e Sara. Uma vez mais (estamos ficando acostumados com isso), a narrativa é ameaçada com suspense e fracasso. Os israelitas se acovardam. O povo que Deus resgatou do Egito se recusa a seguir para a terra (Nm 13–14) e, como resultado, eles acabam passando toda aquela geração (mais trinta e oito anos) no deserto. A história parece ter emperrado uma vez mais. Contudo, finalmente, a geração seguinte chega aos limites da terra, acampada em

Moab, no lado leste do rio Jordão. Ali Moisés faz seus últimos discursos de advertência, encorajamento e instrução, conforme apresentados no livro de Deuteronômio. O livro todo é orientado para a terra à frente, e esta é repetidamente descrita como a terra que Deus prometeu aos ancestrais de Israel. Deuteronômio termina, no entanto, com o povo ainda fora da terra, mas prestes a se mover para ela.

Em um sentido, o Pentateuco termina com a promessa de Deus atrás deles e o futuro da promessa de Deus ainda à frente deles, que é onde o povo de Deus sempre se encontra. Enfim, é Josué quem leva Israel para a terra. Uma vez mais, a história se rompe imediatamente na divisão das tribos de Israel, durante a era descrita no livro de Juízes. Finalmente, é Davi que traz unidade para as tribos (embora esta só vá durar mais uma geração) e dá a Israel posse e controle efetivos de toda a terra da promessa.

Podemos ver que esses três elementos da promessa de Deus para Abraão e Sara se desenvolvem como uma sequência de temas pelas longas e complexas narrativas de Gênesis a 1 Samuel, mantendo a história em movimento numa direção já estabelecida desde o início. É uma única história, que cumpre uma única promessa em três partes.

UMA META UNIVERSAL

Não podemos deixar de fora a última coisa que Deus prometeu a Abraão, que é expressa na frase tema deste capítulo: "Em ti serão abençoadas todas as famílias da terra" (Gn 12,3). Esse é o saldo final não só no sentido de que é a conclusão e o clímax de toda a fala, mas também como o propósito e a meta de tudo o que aconteceu antes. Deus está falando a Abraão, mas os olhos de Deus estão sobre o restante do mundo. Deus está prometendo fazer dos descendentes de Abraão uma grande nação, mas seu propósito final é levar a bênção a todas as nações da terra. O versículo é muito específico ("em ti"), mas sua meta é intensamente universal ("todas as famílias da terra").

Essa é a frase que é como um disparador para o resto da história da Bíblia. Como tal, ela é realmente surpreendente. Aqui está Deus falando com um homem velho com uma esposa idosa que não conseguiu ter nenhum filho, e Deus lhe diz que ele será o meio de Deus para levar bênção a todas as famílias das nações do mundo. Não devemos pensar nessa última linha como um mero adendo, como se Deus quisesse dizer "Ah, e por falar nisso, algumas outras pessoas vão ser abençoadas também...". Pelo contrário, essa parte específica da promessa é destacada pela repetição. Aparece cinco vezes no total em Gênesis (Gn 12,3; 18,18; 22,18 [as três para Abraão]; 26,4-5 [para Isaac]; 28,14 [para Jacó]). É fundamental para toda a história que está por vir.

De fato, o que temos aqui em Gênesis 12,1-3 é o lançamento da missão *redentora* de Deus. Este é o ato de abertura da grande missão de Deus de restaurar o que a humanidade parecia decidida a destruir e salvar a própria humanidade das consequências de nossa loucura nociva. Em outras palavras, este é o começo da história da salvação. Contudo, isso é expresso em termos de *bênção*. Como vimos, o uso reiterado da palavra *bênção* liga a história de Abraão às narrativas da criação que a precedem. A obra de redenção de Deus acontecerá dentro e para o benefício tanto da ordem criada como das nações da humanidade.

Um evangelho global. "Todas as famílias da terra", diz Deus. Isso é uma boa-nova, certamente. No mundo de nações partidas, que tem seu clímax em Gênesis 11, Deus promete trazer uma bênção que vai alcançar toda essa extensão. Há uma grande trajetória das tribos, línguas e nações de Gênesis 10, que precisam de redenção, cura e bênção, para essa "grande multidão de gente de todas as nações, todas as tribos, todos os povos e todas as línguas" que constituirá a humanidade redimida na nova criação (Ap 7,9). A aliança de Abraão é, assim, um dos principais fios unificadores de toda a Bíblia.

É verdade que Israel no Antigo Testamento parecia não se lembrar da razão de sua existência — ser esse povo de Abraão para a bênção do restante das nações. Os israelitas sucumbem ao mesmo tipo de hostilidade etnocêntrica contra os que são de fora que aflige a maioria das nações. No entanto, *em seu culto*, essa nota do propósito universal de Deus para todas as nações frequentemente transparece. O culto requer fé e imaginação, como encontramos em cantos como estes:

> Converta-se ao Senhor a terra inteira,
> prostrem-se diante dele as nações todas. (Sl 21,28)

Eis que os reis dos povos se juntam
a louvar o Deus de Abraão;
são de Deus os reis da terra:
subiu mais alto que todos. (Sl 46,10)

Virão todos os povos que criaste
adorar-te, Senhor, cantar teu nome. (Sl 85,9)[4]

Você já se perguntou (como eu faço muitas vezes) como o israelita médio que cantava esses cantos imaginava esses vastos horizontes mundiais? No entanto, eles os cantavam. Esses cantos mostram a verdade do evangelho de Israel, anunciado antecipadamente a Abraão — a boa-nova do compromisso de aliança de Deus de abençoar todas as nações da terra.

Não é surpresa, portanto, que o apóstolo Paulo chame esse versículo, Gênesis 12,3, muito simplesmente de "boa-nova antecipada" (Gl 3,8). A boa-nova, anunciada a Abraão e, por fim, cumprida em Cristo, é que o grande plano de Deus é a bênção de todas as nações. No contexto de Gálatas, claro, essa boa-nova para todas as nações inclui os pagãos, o que a tornava controversa entre os judeus conterrâneos de Paulo. O entendimento de Paulo da importância de Abraão é expresso ainda mais completamente em Romanos 3,28–4,25. Paulo vê com clareza que trazer os pagãos para a família da aliança de Deus não é *contrário* às Escrituras (como seus oponentes dizem), mas o *cumprimento* das Escrituras — ou seja, o que Deus sempre planejou fazer, de acordo com sua promessa para Abraão.

É importante compreender que Paulo não está apenas usando Abraão como uma *ilustração* da boa-nova ou de seu ensinamento sobre justificação pela graça por meio da fé. Não, Abraão é o *início* da boa-nova. O Deus de Abraão declara que, por intermédio do povo de Israel (como eles virão a ser conhecidos), Deus lidará com o problema causado pelo pecado humano e pela maldição divina (o problema tão claramente delineado em Gn 3–11). O que Deus realiza pela vida, morte e ressurreição de Jesus é o ponto central da história do que Deus prome-

---

4. Aqui estão mais alguns, para quando você tiver tempo de lê-los: Salmos 66; 71,17; 86; 95; 116.

teu a Abraão. Quando essa grande multidão de todas as nações for reunida como a população da nova criação, Deus declarará essa promessa finalmente cumprida. Como escreve Richard Bauckham,

> A meta última da promessa de Deus a Abraão é que a bênção prevalecerá sobre a maldição. Isso acontece quando a semente de Abraão, o descendente escolhido de Abraão, o Messias, torna-se "maldição... para que a bênção de Abraão chegue aos pagãos por intermédio de Jesus Cristo" (Gl 3,13-14). É nesse sentido que Paulo pode dizer que a promessa a Abraão de que as nações serão abençoadas é a boa-nova. [...]
>
> A boa-nova é que, em Cristo Jesus, a maldição foi deixada de lado e o propósito criador de Deus para a bênção de sua criação é estabelecido além de qualquer possibilidade de reversão[5].

Um povo escolhido. "Em ti", Deus também diz. O objetivo global de bênção para todas as nações deve ser realizado pelo meio particular *desse* povo, o povo descendente de Abraão, o povo de Israel do Antigo Testamento. Eles, os israelitas, o povo de Israel, são escolhidos para esse propósito.

A conexão entre a escolha de Israel (em Abraão) e a promessa de abençoar todas as nações da terra é muito claramente expressa em Gênesis 18,18-19. Deus está falando consigo mesmo, depois de sua refeição com Abraão e Sara, e diz: "Uma vez que ele se tornará um povo grande e forte, e que nele todas as nações da terra serão abençoadas. Pois eu o distingui a fim de que ordene aos seus filhos e à sua prosperidade que observem o caminho de Javé, praticando a justiça e a equidade, de sorte que Javé possa cumprir o que lhe prometeu". (Gn 18,18-19)

Isso deixa duas coisas claras. Primeiro, a escolha de Israel não foi uma *rejeição* de todas as outras nações, mas foi precisamente para o benefício delas. Não devemos pensar em nossa doutrina da eleição como se tivesse a ver apenas com quem vai ser salvo. A primeira vez em que vemos isso claramente na Bíblia — na escolha de Abraão por Deus — é no contexto da *missão* de Deus. O *plano* de Deus é abençoar todas as

---

5. BAUCKHAM, Richard, *Bible and Mission: Christian Witness in a Postmodern World*, Grand Rapids: Baker Academic, 2003, 35-36.

nações; o *meio* de Deus é usar uma nação em particular. Ser um povo escolhido não é um privilégio exclusivo; é, na verdade, uma enorme responsabilidade.

Segundo, essa responsabilidade é ética. Deus quer que Israel seja um povo que aprenda a viver de maneira distinta das nações circundantes. O contexto desses versículos em Gênesis 18 é o julgamento iminente de Deus a Sodoma e Gomorra. Nesse mundo (que é ainda o nosso mundo), Deus escolhe Abraão para criar um povo de contraste, um povo que andará pelo caminho de Javé, não pelo caminho de Sodoma, que agirá com correção e justiça, não com crueldade e opressão.

O restante do Antigo Testamento mostra como Deus, por meio da lei e dos profetas, está continuamente chamando Israel de volta para esse alto compromisso — ser "uma luz para as nações" — e como Israel reiteradamente falha. O propósito de Deus, no entanto, não falha. Pois será de fato como o Deus de Israel, e é por intermédio do messias de Israel que Deus cumprirá o propósito de sua escolha: estender a bênção da boa-nova para todas as nações por intermédio do Senhor Jesus Cristo.

Êxodo 3

> Eu sou Javé, teu Deus, eu que te tirei da terra do Egito,
> da casa da escravidão.
> Êxodo 20,2

P.: Quando o primeiro não é o início?
R.: Quando é o primeiro mandamento.

Pois, de fato, o primeiro mandamento não é o início dos Dez Mandamentos, ou Decálogo, como é chamado. Esse texto famoso não inicia com uma ordem, mas com nossa terceira frase, esta grande afirmação: "Eu sou Javé, teu Deus, eu que te tirei da terra do Egito, da casa da escravidão" (Ex 20,2).

Essa declaração resume de modo conveniente a história até aqui e a apresenta como a fundação para tudo o que vai se seguir. É *a* história de redenção no Antigo Testamento, que molda o conceito formado por Israel de Deus como redentor e proporciona aos fiéis do Antigo e do Novo Testamento o modelo para o que significa redenção. É a declaração que se posiciona no início da seção do Antigo Testamento conhecida como a lei.

Neste capítulo, vamos aprender a história da redenção (o êxodo), seguida pelo oferecimento da lei de Deus e pelo estabelecimento da aliança. É importante ver tudo isso junto e compreender esses elementos em relação à missão de longo prazo de Deus de abençoar as nações, como vimos no capítulo 2.

A REDENÇÃO DE DEUS

A história da redenção se desenrola dramaticamente em Êxodo 1–18. Gênesis termina com os filhos de Jacó tendo chegado ao Egito como refugiados da fome e sendo recebidos pelo Faraó e reconciliados com seu irmão José, que eles haviam vendido para a escravidão no Egito décadas antes. Êxodo abre nos contando que a família (setenta pessoas no total) não só sobreviveu como também claramente prosperou e se multiplicou extraordinariamente no Egito. Mas, então, uma mudança no governo do país causa uma transformação na política estatal em relação a essa minoria étnica imigrante de hebreus em seu meio. O governo põe em vigor uma política de opressão baseada em medo que inclui trabalho forçado em projetos de construção e agrícolas, junto a uma tentativa homicida de controle populacional. Os filhos de Israel (como eles são agora chamados) enfrentam todo tipo de escravidão — econômica, política, social e espiritual — e choram de sofrimento.

Um menino nasce de pais hebreus e, pela ação de sua mãe astuta e irmã atenta, escapa da ordem do Faraó de que os meninos recém-nascidos devem ser afogados no Nilo. Resgatado pela filha do próprio Faraó, ele recebe o nome de Moisés e cresce na corte egípcia. Depois de uma tentativa malsucedida de praticar justiça violenta em favor de uma pessoa de seu próprio povo, ele foge em exílio do Egito para Madiã, onde encontra asilo, uma esposa e um trabalho na criação de ovelhas de Jetro, o sacerdote de Madiã.

Deus chamou Abraão na idade de 75 anos. Agora, com o mesmo desdém pelo alegado vigor da juventude, Deus chama Moisés aos 80 anos. Moisés tem um encontro surpreendente com o Deus vivo, que aparece nas chamas de uma sarça que está queimando, mas sem se consumir. Deus se identifica como o deus de Abraão, Isaac e Jacó; declara que viu e ouviu a aflição desesperada dos descendentes deles no Egito e que pretende libertá-los de sua escravidão; então, dá a Moisés a missão de ir até lá executar esse trabalho. Os protestos de Moisés são superados pela revelação por Deus do nome pelo qual Deus escolhe ser conhecido dali em diante — Javé — e pela promessa de sua presença constante. Dois octogenários — Moisés e seu irmão Aarão, três anos mais velho que ele — partem para confrontar o poder do Império Egípcio.

O governo do Egito, na pessoa do Faraó (que nunca é nomeado), reluta em perder o benefício econômico de sua força de trabalho escravizada e recusa-se mais fortemente ainda a reconhecer o nome ou a autoridade desse Deus Javé que Moisés afirma representar. O Egito rejeita a solicitação de Moisés de deixar os hebreus irem embora. Um enorme conflito é o resultado disso. Deus envia sobre o Egito uma sequência de pragas, relativamente brandas a princípio, mas cada vez mais terríveis, acompanhadas de repetidas exigências de deixar o povo ir embora. O Egito tem a oportunidade de mudar de curso, mas, a cada vez, há um crescente endurecimento do coração do Faraó contra o poder manifesto de Javé e os apelos de Moisés e até mesmo das próprias autoridades do país. Por fim, quando a décima praga se abate sobre o primogênito de todas as casas egípcias, incluindo a do Faraó, o Faraó implora a Moisés que leve seu povo embora naquela mesma noite, o que ele faz — mas o Faraó muda de ideia mais uma vez e os persegue, encurralando-os nas margens do Mar dos Juncos. E então vem o maior milagre de todos, lembrado por todas as gerações de Israel até os dias atuais.

Pelo poder do vento sob o comando de Deus, o mar se abre para permitir que os israelitas escapem sobre terra firme, mas retorna para afogar o exército egípcio que os persegue. A libertação de Israel está completa. Essa é a noite e esse é o dia de sua redenção.

Redenção. É a palavra equivalente a redenção ou resgate que Deus usa quando declara antecipadamente o que está para fazer.

> Por isso dize aos filhos de Israel: eu sou Javé. Eu vos tirarei do trabalho forçado dos egípcios. Eu vos livrarei da sua escravidão, *resgatando-vos* com o braço estendido e com grandiosos atos de justiça. Eu vos adotarei como meu povo e serei o vosso Deus. E sabereis que eu sou Javé, o vosso Deus, aquele que vos arranca de sob o fardo do trabalho forçado dos egípcios. Vou introduzir-vos na terra que prometi, com juramento, dar a Abraão, a Isaac e a Jacó. E vo-la darei em propriedade: eu, Javé. (Ex 6,6-8; meu itálico)

Redenção também é a palavra que Moisés e Miriam usam quando comemoram a libertação no mar:

> Quem como tu, ó Javé, entre os deuses?
> Quem como tu, glorioso em santidade?

> Terrível em proezas, autor de maravilhas?
> Estendeste a tua destra e a terra os engoliu.
> Guias com teu amor *este povo que redimiste*;
> Com a tua força os conduzes para a tua santa Morada. (Ex 15,11-13; meus itálicos)

E *redenção* é a palavra que está no pano de fundo, mesmo que não expressamente usada, em nossa frase do capítulo "Eu sou Javé, teu Deus, eu que te tirei da terra do Egito, da casa da escravidão" (Ex 20,2). Passaram-se apenas três meses depois dessa libertação miraculosa do Egito quando os israelitas chegam ao Monte Sinai, portanto a lembrança de sua redenção está muito fresca. Deus pretende que eles sempre se lembrem de que foi Javé, o Deus vivo, que realizou sua salvação. Cada vez que um pai israelita ensina a essência da lei de Deus para sua família, na forma dos Dez Mandamentos, ele deve começar com a afirmação sobre quem seu Deus é e o que fez por eles, a história da redenção de sua nação. Se mais perguntas forem feitas, ele deve contar a história ainda mais completa:

> Quando o teu filho, amanhã, te perguntar "Que vêm a ser estas instruções, estas leis e estes preceitos, que Javé, nosso Deus, vos ordenou?", responderás a teu filho: "Nós éramos escravos de Faraó, no Egito, e Javé nos tirou do Egito, com mão poderosa. Javé operou, sob os nossos olhos, sinais e prodígios grandes e terríveis contra o Egito, contra Faraó e contra toda a sua casa; e nos tirou de lá, para nos introduzir no país que havia prometido, sob juramento, dar a nossos pais. Javé nos ordenou praticar todas essas leis e temer a Javé, nosso Deus, para que sempre sejamos felizes e ele nos conserve a vida como o faz hoje". (Dt 6,20-24)

Assim, antes de nos voltarmos para os Dez Mandamentos e o restante da lei de Israel, precisamos fazer o que eles faziam — ou seja, precisamos primeiro olhar para trás e nos lembrar dessa história de redenção, a história de Êxodo 1–18, resumida aqui. Contudo, devemos também olhar para a frente, para o que está adiante nos propósitos de Deus.

INTENÇÃO DE DEUS

Por que Deus escolhe resgatar esse povo da escravidão? Por que ele agiu com tamanha justiça determinada contra a opressão assassina e impenitente do Faraó? O texto nos dá alguma pista dos motivos de Deus e das intenções de Deus? Sim, podemos ver três indicativas muito claramente.

Esse texto nos mostra os dois primeiros fatores que motivam Deus a agir. "Os filhos de Israel, gemendo sob o peso da escravidão, puseram-se a clamar. E do meio da escravidão seu grito de socorro subiu até Deus. E Deus escutou suas queixas e se lembrou da aliança que tinha feito com Abraão, Isaac e Jacó. Deus olhou para os filhos de Israel e deu-se a conhecer a eles" (Ex 2,23-25; ver também Ex 3,7-10.16-17; 4,29-31).

O primeiro fator é que Deus se "lembrou da aliança que tinha feito com Abraão". Isso não significa que Deus havia esquecido, mas simplesmente que Deus decide que agora é hora de agir a esse respeito e manter a promessa que fez a Abraão em Gênesis 15,13-16 de que traria os descendentes de Abraão de volta da escravidão em uma terra estrangeira.

O segundo fator é a compaixão de Deus pelo sofrimento deles. Isso é mencionado várias vezes. Deus vê a dificuldade em que eles se encontram, escuta seu clamor e se preocupa com eles. Deus responde com compaixão ao sofrimento e à raiva humanos quando estes são causados por injustiça humana.

Em relação à situação de Israel no Egito, esses dois fatores motivadores derivam do *passado* distante (a fidelidade de Deus à sua promessa de aliança com Abraão) e do *presente* imediato (a justiça de Deus, manifestada em compaixão pelos oprimidos e julgamento contra o opressor).

O terceiro fator motivador é expresso quando Deus finalmente traz os israelitas para perto de si no Monte Sinai e envolve suas intenções para Israel como nação com base em sua visão de longo termo de *futuro* para todas as nações e toda a Terra. Deus redime Israel porque tem uma missão para o mundo inteiro. Isso é o que fica claro no discurso de abertura de Deus no Monte Sinai (Ex 19,3-6).

Observe como essas palavras de Deus também se referem ao *passado*, têm uma visão para o *futuro* e demandam uma resposta no *presente*:

> Moisés subiu para ir ter com Deus. Do alto da montanha Javé o chamou dizendo: "Assim falarás à casa de Jacó e declararás aos filhos de Israel: 'Vós mesmos vistes o que eu fiz aos egípcios e de que modo vos transportei sobre asas de águia e vos conduzi para junto de mim.

E agora se ouvirdes com atenção a minha voz e observardes a minha aliança, sereis para mim uma propriedade exclusiva, escolhida dentre todos os povos, pois toda a terra é minha. E vós sereis para mim um reino de sacerdotes e uma nação santa'. Estas são as palavras que transmitirás aos filhos de Israel". (Ex 19,3-6)

A primeira coisa que Deus faz foi lembrar o povo de sua iniciativa de graça salvadora: "Vós mesmos vistes o que *eu* fiz" (Ex 19,4). Eles certamente viram. Três meses antes, estavam sendo açoitados e espancados como escravos, seus filhos foram assassinados, sua vida era insuportável. Agora, estavam livres de tudo isso. Deus diz: eu fiz isso. Qualquer futuro que esteja à frente, e qualquer exigência que Deus possa fazer a eles, será tudo *em resposta* ao que Deus já realizou por eles. Redenção leva à responsabilidade.

Então Deus declara a identidade e o papel de Israel em expressões que combinam o universal e o particular, da mesma forma que se caracterizou a promessa de Deus a Abraão, como vimos no capítulo anterior.

Por um lado (a perspectiva universal), a visão de Deus do alto do Monte Sinai, por assim dizer, engloba tudo. Ele é o Deus de "toda a terra" e de "todos os povos" (Ex 19,5-6). Essas são palavras fortemente abraâmicas, e elas nos lembram que esse é o mesmo Deus que se apresentou a Moisés como "o Deus de Abraão" (Ex 3,6). Deus acabou de resgatar *uma* nação da escravidão, mas sua meta (conforme prometido a Abraão) é, em última instância, que *todas* as nações desfrutem da bênção da graça redentora de Deus. Deus acabou de demonstrar seu poder em uma terra (Egito), mas sua meta é que seu nome seja conhecido em *toda* a Terra (Ex 9,16).

Por outro lado (a perspectiva particular), Deus apresenta para Israel a expectativa de uma relação exclusiva com ele ("minha propriedade exclusiva") e um papel exclusivo em nome de Deus em meio às nações ("vós sereis para mim um reino de sacerdotes e uma nação santa"). Sacerdotes em Israel são intermediários. Eles se posicionam entre Deus e o restante do povo, operando em ambas as direções. São professores da lei de Deus (Lv 10,11; Dt 33,10; Jr 18,18; Ml 2,7). Por intermédio dos sacerdotes, Deus se tornará conhecido do povo. Eles levam os sacrifícios do povo para Deus, declarando àqueles que os trazem que a impureza ritual foi eliminada, ou que os pecados foram expiados, para que possam voltar à comunhão jubilosa com Deus e seu povo. Por intermédio dos sacerdotes, o povo pode ir até Deus. Os sacerdotes levam Deus ao povo e levam o povo a Deus. Nesse papel duplo, eles *abençoam* o povo (Nm 6,22-27).

Assim, quando Deus diz que Israel será seu sacerdote entre as nações, quer dizer (entre outras coisas) que eles serão em relação a ele e o resto das nações o que seus sacerdotes são para eles. Israel será o povo por meio do qual Deus se fará conhecido para o mundo (como ele fez pelas Escrituras de Israel que agora chamamos de Antigo Testamento), e será o povo por meio do qual Deus trará o mundo para si (como ele fez pelo Messias de Israel, nosso Senhor Jesus Cristo). Essa declaração definitiva da identidade e do papel de Israel os traz, como povo, para a missão de Deus para o mundo, para ser o veículo da bênção de Deus às nações.

Para cumprir esse papel missionário entre as nações, Israel precisa ser "uma nação santa" — ou seja, diferente e distinguida dos povos circundantes não apenas em prática religiosa, mas em todos os aspectos de sua vida social, econômica e política. Esse, de fato, será o propósito da lei que Deus dá a eles, à qual nos voltaremos em algum momento.

Como pode Israel se encaixar em um papel desses ou cumprir tal responsabilidade? É aí que a oração condicional no início de Êxodo 19,5 é tão importante: "Se ouvirdes com atenção a minha voz e observardes a minha aliança…". A intenção de Deus é que Israel seja o povo por meio do qual Deus realizará sua missão para todas as nações. Essa intenção requer um povo que viverá e andará nos caminhos de Deus (como Deus disse para Abraão em Gn 18,18-19).

De modo crucial, no entanto, devemos observar que esse requisito (que Israel obedeça à lei e à aliança de Deus) *não* é uma condição de salvação. Deus já os salvou e agora pede a resposta deles para essa graça histórica. Mas *é* uma condição para sua missão. Deus não diz "se vocês me obedecerem, eu os salvarei". Em vez disso, ele diz "Agora que eu os salvei, se vocês me obedecerem, poderão *ser* algo para mim no mundo. Aqui está sua missão, caso escolham aceitá-la". O que eles fazem (três vezes, na verdade; Ex 19,8; 24,3.7), mas ainda não conseguem se manter à altura.

ALIANÇA DE DEUS

Podemos ver que todo esse arranjo entre Deus e Israel é relacional e mútuo. É afirmado e prometido algo que envolve ambas as partes em uma relação de compromisso. Essa é a própria natureza das alianças bíblicas e, particularmente, dessa aliança entre Deus e o Israel do Antigo Testamento.

Já vimos duas alianças importantes na história do Antigo Testamento. Primeiro, a aliança de Deus com Noé — a promessa de compromisso de Deus com toda a vida na Terra. Há uma relação de aliança entre Deus e a criação. Segundo, a aliança de Deus com Abraão, de que ele se tornará uma grande nação, que eles desfrutarão da bênção de Deus e viverão na terra de Deus, e que, por intermédio deles, todas as nações da Terra conhecerão a bênção de Deus. Agora, em terceiro lugar, temos a aliança do Sinai, feita com Israel por intermédio de Moisés. No entanto, esta não é realmente uma nova aliança, mas um desenvolvimento da aliança com Abraão, agora que seus descendentes se tornaram de fato a nação que Deus prometeu. Eis como Deus a explica logo antes do êxodo:

> Ouvi os gemidos dos filhos de Israel que os egípcios estão oprimindo e lembrei-me da minha aliança [isto é, a aliança com Abraão, Isaac e Jacó].
> Por isso dize aos filhos de Israel: "eu sou Javé. Eu vos tirarei do trabalho forçado dos egípcios. Eu vos livrarei da sua escravidão, resgatando-vos com o braço estendido e com grandiosos atos de justiça. Eu vos adotarei como meu povo e serei o vosso Deus. E sabereis que eu sou Javé, o vosso Deus, aquele que vos arranca de sob o fardo do trabalho forçado dos egípcios. Vou introduzir-vos na terra que prometi, com juramento, dar a Abraão, a Isaac e a Jacó. E vo-la darei em propriedade: eu, Javé". (Ex 6,5-8)

A força que move essa relação é declarada em Êxodo 6,7: "Eu vos adotarei como meu povo e serei o vosso Deus". Esse compromisso mútuo de Deus com Israel e de Israel com Deus é a essência da aliança. Do lado de Israel, requer obediência comprometida com Javé como seu Senhor da aliança. A aliança, portanto, é tanto uma promessa solene e formal como um compromisso forte e obrigatório.

Em Êxodo 24 temos o relato do dia em que a aliança no Sinai é selada. Aqui está a seção central. Note a combinação de sacrifícios com o sangue aspergido tanto no altar (que representa Deus) como no povo, ao lado do duplo compromisso do povo de obedecer à palavra de Deus:

> Veio, pois, Moisés e transmitiu ao povo todas as palavras de Javé e todas as normas de direito. E o povo todo declarou a uma voz: "Todas as palavras que disse Javé, nós as poremos em prática". Então escreveu Moisés todas as palavras de Javé.
>
> Na manhã seguinte, levantou-se bem cedo e construiu um altar no sopé da montanha, bem como doze estelas, segundo as doze tribos de Israel. A seguir destacou alguns jovens dentre os filhos de Israel, para que oferecessem holocaustos e imolassem novilhos como sacrifícios de comunhão, em honra de Javé.
>
> E Moisés recolheu a metade do sangue, depositando-a em bacias. Quanto à outra metade, espargiu-a sobre o altar. Tomou então o livro da Aliança, lendo-o aos ouvidos do povo. E eles disseram: "Faremos tudo o que disse Javé e seremos obedientes".
>
> A seguir, tomando o sangue, Moisés aspergiu-o sobre o povo, dizendo: "Este é o sangue da Aliança que Javé celebra convosco, segundo todas estas palavras". (Ex 24,3-8)

Uma geração depois, Moisés renova a aliança antes de os israelitas atravessarem o Rio Jordão para a Terra Prometida. Eis como ele expressa essa relação, em dois versículos clássicos que se equilibram: "A Javé fizeste saber, hoje, que ele será o teu Deus, aquele em cujos caminhos marcharás, observando as suas leis, seus mandamentos e suas ordenações, e escutando a sua voz. E Javé te fez dizer hoje que tu és um povo particular, como te disse, para observares todos os seus mandamentos" (Dt 26,17-18).

A LEI DE DEUS

Chegamos, então, à lei em si, começando com os Dez Mandamentos que agora pusemos no contexto de nossa história até aqui, a redenção de Deus e a intenção de Deus.

DEUTERONÔMIO COMO UM TRATADO ANTIGO DO ORIENTE PRÓXIMO

O livro de Deuteronômio é a mais clara articulação completa da relação da aliança. A estrutura de seu conteúdo é muito similar à estrutura de tratados internacionais desse período no antigo Oriente Próximo. O Império Hitita, por exemplo, em geral, fazia tratados entre o grande rei hitita e as nações que estavam sujeitas a ele. Vários documentos desses tratados antigos foram descobertos, e eles têm uma forma-padrão — uma forma que é refletida em Deuteronômio. Vejamos a seguir seis elementos típicos desses documentos de tratados que se refletem na forma de Deuteronômio.

- Identificação do grande rei (Javé como Senhor soberano de Israel; por exemplo, Dt 5,6; 6,4)
- A história da relação (o que Javé fez por Israel; Dt 1-3)
- Exigências gerais (um amplo chamado à lealdade; Dt 4-11)
- Estipulações específicas (leis mais detalhadas; Dt 12-26)
- Bênçãos e maldições (por obediência leal ao grande rei ou por rebelião e desobediência, respectivamente; Dt 27-28)
- Testemunhas e leitura dos documentos (Dt 29-31)

Isso sugere que os israelitas, talvez o próprio Moisés, consideravam essa estrutura política uma metáfora útil para entender a relação entre Javé (como o grande rei) e seu povo. Também ajuda a explicar por que, em séculos posteriores, quando Israel de fato cai em pecado e desobediência contra Deus, os profetas interpretam essa falha como rebelião e deslealdade ao grande rei. Os israelitas romperam os termos da aliança e, assim, incorreram nas ameaças e sanções que estavam incluídas nela desde o início.

Definição dos termos. Falamos da lei do Antigo Testamento, mas nem sempre é claro do que estamos falando[1]. Para os israelitas (e para os judeus atuais), a palavra era Torá. Como eu observei no início do capítulo 1, esse era o título dos cinco primeiros livros da Bíblia — todo

---

1. Para um exame muito mais completo da lei do Antigo Testamento como um todo e sua relevância ética para os cristãos, ver meu *Old Testament Ethics for the People of God* (Downers Grove, IL: InterVarsity Press, 2004). Em relação aos pontos desenvolvidos nesta seção, ver ainda *How to Preach and Teach the Old Testament for All It's Worth* (Grand Rapids: Zondervan, 2016), também publicado como *Sweeter than Honey: Preaching the Old Testament* (Carlisle, UK: Langham Preaching Resources, 2016), cap. 9.

o Pentateuco, de Gênesis a Deuteronômio. Mas Torá não significa simplesmente "lei" em nosso sentido de estatutos ou legislação. Significa "ensino" ou "orientação". A Torá proporciona esse ensino por meio de sua grande narrativa desde a criação até os limites da Terra Prometida, além das seções que são leis em nosso sentido da palavra.

No entanto, dentro da Torá, há várias seções que são mais explicitamente leis: mandamentos, instruções, casos, penalidades e assim por diante. Vejamos a seguir as principais.

O Decálogo (Ex 20,2-17; Dt 5,6-21). Essa lista de dez mandamentos ocupa um lugar especial, por ter sido dita e escrita diretamente por Deus. Forma um resumo dos princípios e das delimitações essenciais do restante das leis mais detalhadas. É uma lista notavelmente abrangente. Ao mesmo tempo, sua brevidade ajuda a memorização, de modo que as estipulações centrais da participação na aliança pudessem ser claramente conhecidas. A violação desses mandamentos coloca a pessoa fora da esfera da relação, da responsabilidade e da bênção da aliança. A ordem da lista também ilustra as dimensões vertical e horizontal da relação de aliança, ou seja, nossa relação com Deus e nossa relação com outras pessoas. Os quatro primeiros mandamentos são primordialmente verticais, embora o quarto (o mandamento do Sábado) seja também para o benefício humano, enquanto os seis seguintes são horizontais. As duas dimensões são, de fato, inseparáveis, como Jesus destacou ao combinar o amor por Deus e o amor pelo próximo como os dois maiores mandamentos na lei.

O Livro da Aliança (Ex 20,22–23,33). Esse termo é usado em Êxodo 24,7 para descrever o curto conjunto de leis que se segue imediatamente ao Decálogo no contexto da cerimônia da aliança no Monte Sinai. As leis nesses capítulos são, em sua maioria, leis de jurisprudência, descrevendo situações típicas de disputas, danos, agressão, negligência, acidente e assim por diante e prescrevendo o tipo de ação compensatória a ser adotado. Tais leis, como os precedentes nos sistemas jurídicos contemporâneos, geravam princípios pelos quais outros casos poderiam ser julgados. Em outras palavras, esse não é um livro de leis completo para governar tudo que pudesse acontecer, mas uma lista de orientações e exemplos que dão forma e modelo para o modo como os juízes locais tratarão as questões quando elas surgirem. Há uma forte preocupação com as necessidades dos vulneráveis na sociedade e com a integridade de todo o sistema judiciário.

Levítico. O livro inteiro, com exceção de umas poucas passagens narrativas de eventos no Monte Sinai, é ocupado por regras para o sistema de sacrifícios, as múltiplas e variadas obrigações dos sacerdotes, as distinções simbólicas de alimentos puros e impuros e, depois, uma série de leis sociais, familiares, sexuais e econômicas que promovem a distinção (santidade) de Israel como o povo de Javé.

Coleção de Deuteronômio (Dt 4–26). A palavra *Deuteronômio* significa literalmente "segunda lei", mas não é isso de fato. É, antes, uma *renovação* da aliança e um ensinamento da lei para a segunda geração depois do êxodo, quando eles acamparam em Moab nos limites da Terra Prometida. O livro se apresenta como os discursos de Moisés pouco antes de sua morte, insistindo que os israelitas avancem com Javé, seu Deus, mantenham-se fiéis a ele em meio aos desafios da idolatria cananeia que têm pela frente e organizem sua sociedade na terra de acordo com a constituição e as leis que Deus lhes deu no Sinai. O livro começa com lembranças históricas e termina com prenúncios do futuro que virá. Entre essas duas pontas, em Deuteronômio 4–26 há toda uma seção de leis para a vida na Terra, muitas das quais são repetições das mesmas leis em Êxodo ou Levítico, mas com explicações e motivação adicionais.

Celebração da graça. Se quisermos entender a lei do Antigo Testamento, precisamos começar pensando nela do modo como os israelitas do Antigo Testamento pensavam. Algumas pessoas têm uma ideia muito negativa da lei do Antigo Testamento porque a abordam inteiramente pela perspectiva de algumas das coisas que o apóstolo Paulo escreve sobre ela. Precisamos lembrar que Paulo estava envolvido em uma controvérsia acalorada com alguns líderes judeus (muitos deles, fariseus como o próprio Paulo) que haviam transformado a lei em algo que ela nunca pretendeu ser: uma espécie de distintivo ou uma garantia de uma posição virtuosa junto a Deus de pertencer ao povo certo. Eles insistiam que os pagãos que haviam adotado a fé no Messias Jesus como seu Senhor e Salvador deviam também se tornar convertidos judeus (prosélitos), sendo circuncidados e observando plenamente a lei do Antigo Testamento.

Insistiam que obedecer às leis da Torá era uma condição necessária para pertencer ao povo de Deus, e não a fé em Cristo e na graça e nas promessas de Deus. Paulo se opunha a eles alegando que estavam distorcendo as Escrituras. A visão que eles tinham da lei não era o que o Antigo Testamento de fato prega. A lei não é um fardo imposto por Deus como uma condição de virtude e salvação. A lei é o dom de Deus para o povo *já redimido*, para que as pessoas pudessem continuar vivendo dentro da esfera de sua bênção. Ela é dada sobre a base da graça de Deus que foi demonstrada na redenção já realizada e é dada para ajudar o povo a responder de maneira apropriada e viver do jeito que Deus quer. Os israelitas devotos e piedosos *celebram* a lei como algo bom e positivo, algo doce e precioso, algo para produzir deleite e nutrição. Aqui está o que alguns dos salmistas pensam sobre a lei de Deus. É evidente que eles não a veem como um peso morto tenebroso de regras legalistas. Eles a apreciam e valorizam fortemente.

> Sim, a lei do Senhor é sem defeito,
> ela conforta a alma.
> Seguro é o testemunho do Senhor,
> torna sábios os simples.
> As normas do Senhor são todas justas,
> ao coração alegram.
> É reto o mandamento do Senhor,
> clareia os nossos olhos.
> O temor do Senhor é o que há de puro,
> para sempre nos firma.
> São os seus julgamentos verdadeiros,
> todos eles justiça.
>
> Eles são mais que o ouro desejáveis,
> mais que o ouro mais fino.
> São ainda mais doces que o mel,
> do que escorre dos favos. (Sl 18,8-11)
>
> Caminharei por uma estrada larga,
> porque examino as tuas prescrições...
> Pelos teus mandamentos eu me alegro,
> porque os amo de todo o coração...

> Como eu amo, Senhor, a tua lei...
> Amo os teus mandamentos mais que tudo,
> pois são mais preciosos do que o ouro. (Sl 118,45.47.97.127)

É por isso que nossa frase é tão importante. Não devemos ler os Dez Mandamentos ou o restante da lei do Antigo Testamento sem esse lembrete inicial da história da salvação em que eles estão inseridos. A lei de Deus é um dom da graça de Deus para pessoas que já experimentaram a graça do amor e do poder redentores de Deus. É algo a ser celebrado com gratidão.

Preparação para a missão. Devemos ler a lei de Deus, no entanto, não só olhando para a história passada até o momento, mas também olhando para a história que está por vir. Deus dá essa lei para o seu povo *por um propósito*, um propósito que é consistente com a própria razão de Deus tê-los criado. Você se lembra da promessa de Deus para Abraão, Isaac e Jacó? "Em ti serão abençoadas todas as famílias da terra." A missão de Deus, por intermédio de Israel, é abençoar todas as nações. A missão de Israel, portanto, é *ser* o povo de Deus e servir ao seu propósito no mundo. Para esse propósito, eles precisam pôr-se em forma, viver como uma comunidade que reflita o caráter e os caminhos do Deus vivo, em um mundo cheio de falsos deuses e ídolos que a humanidade caída fabrica à nossa semelhança pecadora. Israel deve ser diferente das nações a fim de ser uma luz para estas. Como vimos pouco antes, em Êxodo 19,5-6, essa é toda a razão de ser uma "nação santa" no meio de "todas as nações" e a razão pela qual eles precisam obedecer à lei de Deus e manter sua aliança.

Essa motivação missionária para obedecer à lei de Deus é expressa em Deuteronômio. Deus concebe um povo que, ao viver como uma sociedade governada pelos padrões e valores de Deus, se tornará um modelo visível para as nações, dando testemunho da presença do Deus que eles cultuam pela qualidade admirável de todo o seu sistema social:

> Eis que vos ensinei leis e mandamentos, como Javé, meu Deus, me ordenou, para os praticardes no país onde haveis de entrar para dele tomardes posse. Observá-los-eis; porque tal será a vossa sabedoria e a vossa inteligência aos olhos dos povos que vão ouvir falar de todas estas leis. Eles dirão: "Por certo, esta grande nação é um povo sábio e

inteligente". Qual é, na verdade, a grande nação que tenha deuses tão perto dela, como Javé, nosso Deus, todas as vezes que clamamos por ele? E qual a grande nação que tem leis e mandamentos justos, como toda esta lei que hoje vos exponho? (Dt 4,5-8)

Se o povo de Deus viver de acordo com os caminhos de Deus, os outros povos perceberão e farão perguntas. Devemos ser um anúncio vivo do Deus que cultuamos pela qualidade do modo como vivemos. Esse princípio está embutido na lei de Israel e é ecoado por Jesus e pelo ensinamento dos apóstolos no Novo Testamento.

Reflexo de Deus. Uma das maneiras mais comuns no Antigo Testamento de falar sobre obedecer às leis de Deus é "caminhar nos caminhos do Senhor". Isso significa não só fazer o que Deus diz, mas também seguir o exemplo de Deus — seguir seus passos, por assim dizer. Como os israelitas sabem como é seu Deus Javé? Lembrando-se do que ele fez. Como vimos anteriormente, o êxodo foi a demonstração extraordinária do caráter de Deus — seu amor, compaixão, fidelidade e justiça. *Se é assim que Deus é para Israel, é assim que os israelitas devem ser entre si e para os outros.*

Frequentemente nos códigos de leis do Antigo Testamento você encontrará o êxodo sendo retomado como lembrete. Deus diz: "Isso é o que eu fiz por vocês; agora é isso que quero que vocês façam pelos outros". (Não se parece com algo que você já deve ter ouvido de outra pessoa? "O que quereis que os outros vos façam, fazei o mesmo também vós a eles", ou "Amai a vossos inimigos... deste modo vos mostrareis filhos do vosso pai que está nos céus, porque faz raiar o sol sobre os bons e os maus e chover sobre os justos e os injustos" [Mt 5,44-45] — isto é, sejam como ele.) Este é um exemplo típico. Quando um chefe de família israelita liberta um escravo hebreu de acordo com a lei estatutária de libertação após seis anos, ele deve dar ao escravo um presente generoso do excedente de grãos, animais e vinho para que ele siga seu caminho. Por que ele deve fazer isso? Esta é a instrução e a razão para ela: "E quando o despedirdes, livre, da tua casa, não o farás partir de mãos vazias; antes, carregá-lo-ás com presentes, do teu rebanho, da tua eira e do teu lagar; dar-lhe-ás parte dos bens, com os quais Javé, teu Deus, te abençoar. Lembrar-te-ás de que foste escravo na terra do Egito e de que Javé, teu Deus, te resgatou; *por isso é que hoje te dou este mandamento*". (Dt 15,13-15; meu itálico). Outros exemplos incluem Êxodo 23,9; Levítico 19,33-36; 25,42-43; Deuteronômio 24,17-22.

Moisés enfatiza que Israel deve não só imitar o que Deus fez por eles, mas também simplesmente refletir o caráter de Deus como o veem em ação:

> Vê: a Javé, teu Deus, pertencem os céus, os céus dos céus, a terra e tudo quanto ela contém. [...] Porque Javé, vosso Deus, é o deus dos deuses, o senhor dos senhores, o Deus grande, forte e temível, que não faz acepção de pessoas nem se deixa corromper com presentes, que faz justiça ao órfão e à viúva, que ama o estrangeiro, dando-lhe alimento e roupa. (Dt 10,14.17-18)

Esse é o grande Deus que tem a posse e o governo do universo e que é o Deus de total integridade em quem não há nenhuma corrupção. Mas onde se poderá encontrar esse Deus em ação? Talvez onde menos se espera: entre os pobres e necessitados, os sem família, os sem-terra, os sem-teto. É desses que o Deus Javé se ocupa e de quem ele cuida. Já que é assim que Deus é, a lógica é óbvia e Moisés a expressa no versículo seguinte: "Amareis o estrangeiro, porque fostes estrangeiros no país do Egito" (Dt 10,19). Isso é o que significa a imitação e o reflexo de Deus: fazer o que Deus quer que seja feito, agir no mundo como Deus agiria. Esse é um princípio poderoso, refletido no ensinamento do próprio Jesus. A lei de Deus é dada para ajudar o povo de Deus a refletir o caráter de Deus.

Prenúncio do fracasso. Mas tudo isso parece muito idealista, você pode estar pensando. Sabemos que os israelitas do Antigo Testamento nunca viveram à altura desses padrões. De fato sabemos, e o próprio Antigo Testamento nos conta isso muito claramente. Mas aí é que está. Deus também sabe muito perfeitamente e avisa-os disso com muita antecedência. O fracasso de Israel não é surpresa para Deus. Na verdade, a própria lei *prenuncia* o fracasso de Israel e oferece um remédio para isso — um duplo remédio. Por um lado, há o sistema de sacrifícios descrito em Levítico 1–7 (que exporemos sucintamente no próximo capítulo). Estes tratam do que poderia ser chamado de pecados rotineiros e impureza ritual. Esses sacrifícios não podem, em última instância, remover o pecado arrogante (pecar com a mão altiva; ver Nm 15,30-31). Para esse, a única resposta é voltar-se em arrependimento para Deus e confiar em sua graça — como expressa o Salmo 50 (ver especialmente Sl 50,16-17). Por outro lado, Deus assegura a Israel que, por seu próprio poder e graça, mesmo depois do trabalho de seu julgamento, Deus restaurará aqueles que voltarem para ele. Esse é o padrão (pecado, julgamento, graça, restauração) que é exposto em Deuteronômio 29–30. Esses capítulos poderiam ser resumidos assim:

- Deus lembra Israel novamente de que os resgatou da escravidão e fez deles seu povo da aliança.
- Deus lhes deu sua lei, para equipá-los para viver da maneira que será boa para eles e lhes trará bênção. Eles assumiram seu compromisso na aliança de amar e obedecer a Deus em troca.
- *No entanto*, Deus sabe muito bem que os israelitas *não* cumprirão essa lei. Eles mostraram o quanto eram rebeldes e pecadores mesmo enquanto Moisés estava vivo. Conforme as gerações se sucedem após sua morte, eles ficarão ainda piores.
- Assim, Deus terá de trazer sobre eles todas as ameaças e advertências que estão contidas nessa aliança. Como Israel vai romper persistentemente a aliança de Deus, eles experimentarão as maldições da aliança, não sua bênção.
- O julgamento de Deus cairá sobre eles, por meio dos ataques de seus inimigos, e eles serão expulsos de sua terra e dispersados entre as nações estrangeiras.
- *No entanto*, Deus lhes assegura, bem aqui em Deuteronômio antes de tudo isso acontecer, que o julgamento não precisa ser a palavra final de Deus ou a condição final de Israel. Pode haver esperança além do julgamento. Javé ainda será o Deus de graça, amor e perdão. Deus *possibilitará* que eles o procurem com todo o seu coração e a sua alma, que o amem e obedeçam a ele. Portanto, voltem para Deus. Escolham a vida, não a morte.

A própria lei (em Deuteronômio) prenuncia o fracasso futuro de Israel. De fato, esses capítulos de Deuteronômio não só nos dão uma teologia clara de pecado, julgamento, arrependimento, graça e restauração, como também nos apresentam a história de Israel antecipadamente. Essa é a história do Antigo Testamento.

Quando nos voltamos novamente para o apóstolo Paulo, não nos surpreendemos (assim como Deus não se surpreendeu) que a lei em si não tenha podido transformar pecadores e rebeldes em pessoas boas e perfeitas. Contudo, a falha não é da lei, mas das pessoas. É por isso que Paulo fala do que "era impossível à lei enfraquecida pelo poder da carne", referindo-se à nossa natureza humana pecadora (Rm 8,3). É por isso que os israelitas descobrem que a lei lhes traz morte. Ela expõe seu pecado. Ela os coloca sob a maldição e o julgamento de Deus. Mas este é o ponto: *esta não é uma descoberta nova de Paulo. A própria lei já diz isso.* A lei exige a fidelidade de Israel; mas a lei também esperava o fracasso de Israel. Isso é realista. Contudo, a lei também aponta além do julgamento para a *esperança futura* na graça salvadora e restauradora de Deus. Em última instância, ela aponta, em outras palavras, para o Senhor Jesus Cristo, como Paulo vê tão claramente.

Davi 4

> Javé já escolheu o varão segundo o seu coração
> e o fez príncipe sobre o seu povo.
> 1 Samuel 13,14

O apóstolo Paulo, acredito, teria sido bem melhor do que eu nesse trabalho de "Antigo Testamento em sete frases". Ele praticamente fez isso em um sermão em uma sinagoga judaica em Antioquia da Pisídia. Este, sem dúvida, é um resumo do que Paulo depois expandiu, mas, ainda assim, é condensado de forma admirável. Um aceno de mão, uma chamada à atenção, e ele começa. Vai de Abraão a Jesus, se não em sete frases, certamente em sete versículos. Este é o relato de Lucas:

> O Deus deste povo de Israel escolheu nossos pais e multiplicou o povo, enquanto habitava no Egito. Depois, os tirou de lá com grande poder. Por quarenta anos mais ou menos, alimentou-os no deserto. Em seguida, na terra de Canaã, exterminou sete povos, cujos domínios lhes deu em herança, depois de uns quatrocentos e cinquenta anos. Então lhes deu Juízes, até o tempo do profeta Samuel. Em seguida, pediram um rei e Deus lhes deu Saul, filho de Cis, da tribo de Benjamim, que reinou quarenta anos. Depois de o ter rejeitado, o Senhor fez surgir Davi como rei. Dele é que deu este testemunho: *Encontrei Davi, filho de Jessé, homem segundo o meu coração, que cumprirá integralmente a minha vontade.* Foi de sua descendência que Deus fez sair Jesus, o Salvador de Israel, conforme a sua promessa. (At 13,17-23; meus itálicos)

Percebe a sequência?

Abraão ("nossos pais") → êxodo → deserto → terra → juízes → monarquia → Davi

Quando chega a Davi, Paulo cita esse versículo que escolhemos para nossa quarta frase, sobre como Davi é "o varão segundo seu coração". Depois Paulo pula direto de Davi para Jesus. Não vamos fazer isso neste livro (ficariam faltando frases, e há muito mais no Antigo Testamento depois de Davi — o que Paulo sabia muito bem, claro). Mas o fato de Paulo fazer essa ligação direta de Davi a Cristo é muito importante. Um pouco adiante em seu sermão, Paulo afirma que Jesus de Nazaré é o filho prometido de Davi, o Messias. Mas, ao contrário de Davi (que morre e é enterrado; ponto final), Jesus morre, é enterrado *e é trazido de volta à vida em gloriosa ressurreição*. Por causa de sua ressurreição, Jesus é aquele a quem as palavras ditas primeiro em relação a Davi de fato se aplicam: "És meu filho, foi hoje que eu te gerei" (Sl 2,7). Jesus é o que será o verdadeiro rei, não só de Israel, mas de todas as nações da terra, como o versículo seguinte do Salmo 2 declara: "Pede-me, e dou-te as nações, a terra toda por reino" (Sl 2,8). O messias Jesus, filho ressuscitado de Davi, é senhor e rei de toda a criação. Como Paulo resume em Romanos 1,2-4 (ver também 2Tm 2,8), isso está no centro do evangelho de Paulo.

Há outra razão para escolhermos Davi para nossa quarta frase (não só porque é bom seguir o exemplo do apóstolo Paulo). Você se recorda da sequência de alianças que observamos até aqui (primeiro Noé, depois Abraão, depois Moisés [Sinai])? Agora, chegamos à próxima aliança importantíssima da Bíblia: a aliança de Deus com Davi, às vezes chamada de aliança davídica. Ela é descrita em 2 Samuel 7 e constitui a promessa de Deus de que um filho de Davi sempre reinará sobre o povo de Israel. Isso nos aponta para a frente, através da longa linha de reis que seguem a Davi (daremos uma olhada rápida neles no próximo capítulo), até chegar, claro, a Jesus, o Filho maior de Davi. Mas isso também estabelece um forte contraste com o que acontece antes do aparecimento de Davi: os séculos deprimentes da vida inicial de Israel na terra de Canaã, a infidelidade repetida do povo, o caos e a anarquia da era dos juízes e, especialmente, o trágico fracasso do primeiro rei, Saul. Em relação a esse pano de fundo sombrio, nossa quarta frase reluz. Deus encontra em Davi um homem segundo seu coração. Precisamos ter claro o que a expressão significa em sua língua e em seu contexto original. Em inglês, a expressão "um homem segundo meu próprio coração" passou a significar "alguém de quem eu gosto muito; alguém com quem eu me dou bem; minha pessoa favorita". Mas, em hebraico, o coração não é tanto o centro de emoções e sentimentos. É a sede da vontade e das decisões. Deus não está dizendo que Davi será seu favorito especial (Deus terá que disciplinar Davi muito severamente mais adiante). Em vez disso, significa que Davi será o governante que realizará os planos e o propósito de Deus naquele momento na história de Israel — em vez de todos os que falharam antes dele (com exceção de Samuel). Isso é exatamente como Paulo interpreta sua citação de 1 Samuel 13,14, acrescentando uma frase de Isaías 44,28: "Ele cumprirá integralmente a minha vontade". Nesse sentido, nossa quarta frase, originalmente escrita sobre Davi, aplica-se ainda mais completamente a Jesus — aquele que Deus nomeou como governante e que de fato realizou tudo o que Deus o enviou para realizar. Essa conexão provavelmente também estava na mente de Paulo.

No entanto, nem mesmo Paulo pula de Moisés para Davi sem incluir brevemente o que aconteceu nesse intervalo, então nós também não devemos fazê-lo. Talvez história não seja o seu interesse e, nesse caso, você pode querer seguir direto para a seção "A aliança davídica", mais adiante. No entanto eu recomendaria que você não demorasse a voltar e que lesse as próximas seções por duas razões. Primeiro, Paulo insiste (ele outra vez) que "toda escritura inspirada por Deus é útil" (2Tm 3,16), e isso se aplica aos livros históricos também. Segundo, como dissemos na introdução, *essa história é a nossa história*. Nós pertencemos a esse povo, e "tudo isso lhes ocorreu figurativamente e foi escrito para a nossa advertência" (1Cor 10,11).

Vamos viajar com Israel do Sinai até Salomão. Terminamos o capítulo anterior com Deus fazendo sua aliança com Israel e dando-lhe sua lei no Monte Sinai (Ex 19–24). Mas, imediatamente depois disso, de Êxodo 25 em diante, a maior parte do livro é ocupada com instruções de Deus para a construção do tabernáculo, como ele é chamado na maior parte das nossas Bíblias (Ex 25–31), e, em seguida (após o terrível incidente do bezerro de ouro em Ex 32–34), com o relato de sua construção e da glória de Deus vindo preenchê-lo (Ex 35–40).

O TABERNÁCULO

O tabernáculo foi projetado para ser uma espécie de santuário transportável. Era uma tenda ornada estendida sobre uma estrutura de madeira com um revestimento interno de tecido muito belo e coberto externamente com peles que o tornavam à prova d'água. As descrições em Êxodo parecem complicadas, mas, na verdade, a estrutura e o conteúdo do tabernáculo são relativamente simples. E precisavam ser, uma vez que todo o arranjo tinha de ser fácil de montar, desmontar e carregar com eles em suas viagens. O tabernáculo era composto de três seções principais.

Havia um átrio retangular externo circundado por tecidos suspensos em colunas. Esse era o lugar onde as pessoas se encontravam para sacrifícios de animais realizados pelos sacerdotes. Havia um altar para esse fim e uma grande bacia para a lavagem ritual.

Havia a parte externa à tenda principal propriamente dita, conhecida como o Lugar Santo. Este abrigava um altar menor para os incensos, uma mesa com pães e um candelabro a óleo com sete ramos.

Havia uma câmara interna, o Santíssimo, no fundo da tenda, de forma perfeitamente cúbica. Ela continha a Arca da Aliança com as duas tábuas dos Dez Mandamentos dentro e uma cobertura conhecida como o propiciatório. Esse lugar simbolizava a presença mais santa do próprio Deus (embora não houvesse nenhuma imagem de Deus lá, claro). Somente o sumo sacerdote podia entrar nessa parte da tenda, e apenas uma vez por ano, no Dia das Expiações (Lv 16).

Qual é o propósito disso tudo? Há um significado imediato para Israel, bem como um significado mais amplo na Bíblia como um todo.

O TABERNÁCULO

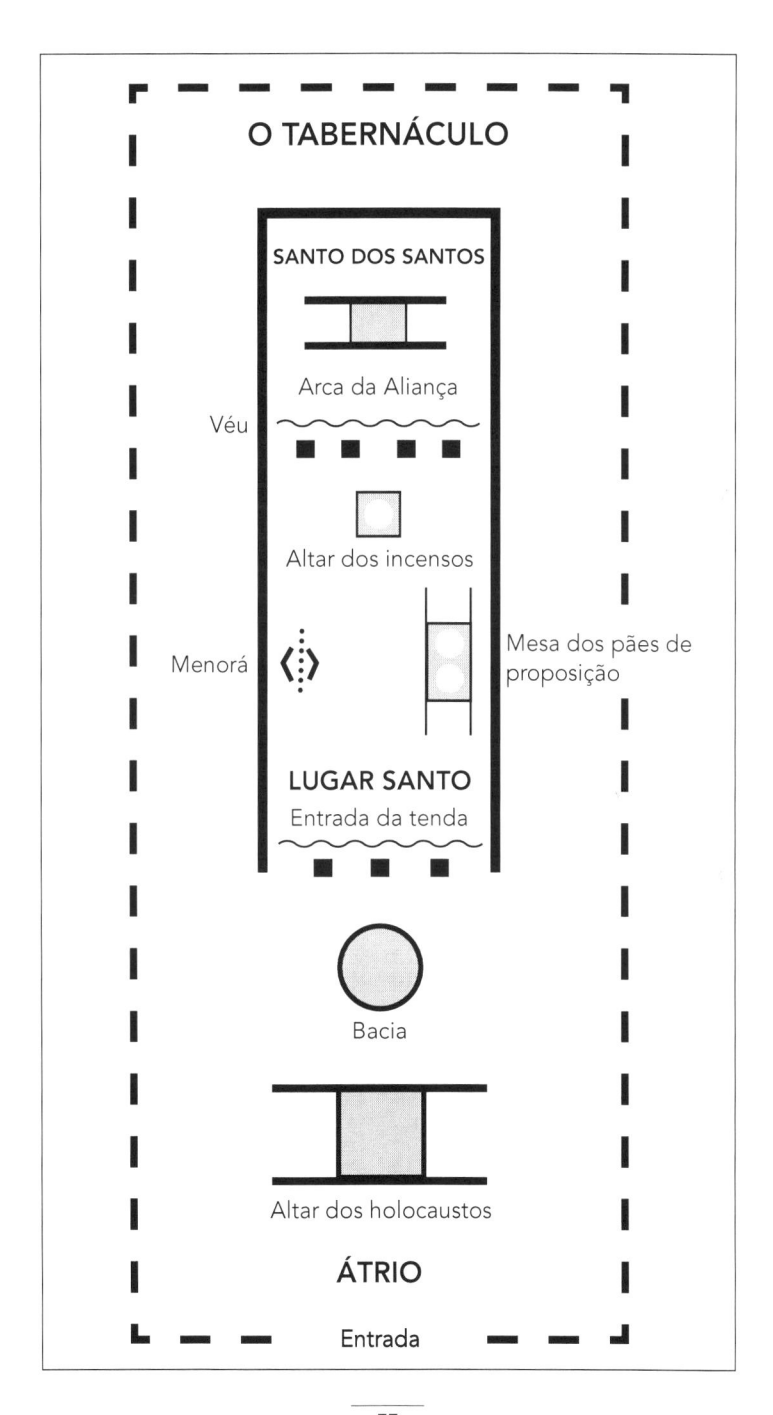

SANTO DOS SANTOS

Arca da Aliança

Véu

Altar dos incensos

Menorá

Mesa dos pães de proposição

LUGAR SANTO

Entrada da tenda

Bacia

Altar dos holocaustos

ÁTRIO

Entrada

Morada de Deus. Para Israel, a tenda é o ponto focal da presença de Deus, morando visivelmente e quase tangivelmente no meio de seu povo. É o lugar onde Moisés (especialmente e intimamente) e o resto do povo podem encontrar-se com Deus em culto e sacrifício; de fato, ela é chamada várias vezes de tenda do encontro. Eis como o próprio Deus descreve o propósito desse lugar:

> É ali que eu me encontrarei com os filhos de Israel no lugar santificado pela minha glória.
> Santificarei a Tenda do Encontro e o altar. E santificarei igualmente Aarão e seus filhos, para que exerçam o sacerdócio a meu serviço. *Assim habitarei no meio dos filhos de Israel e serei o seu Deus. E eles reconhecerão que eu sou Javé, seu Deus, aquele que os fez sair da terra do Egito para habitar entre eles.* Eu, Javé, seu Deus. (Ex 29,43-46; meus itálicos)

Está vendo a ênfase tanto na redenção ("sair do Egito") como na aliança ("Eu sou Javé, seu Deus") e o propósito de tudo isso — para que Deus possa habitar no meio do seu povo? Moisés percebe que isso (ter Deus morando no meio de seu povo) é o que faz Israel diferente das outras nações, como uma parte essencial de sua identidade missionária e seu papel nos planos de Deus (Ex 33,15-16).

Em uma perspectiva bíblica mais ampla, a tenda (e o templo que mais tarde a substituiu no reinado de Salomão) é uma espécie de microcosmo — ou seja, um miniuniverso em que céu e terra podiam se encontrar. A própria criação como um todo ("céu e terra") tinha o propósito de ser o lugar de morada de Deus conosco. Mas nosso pecado e nossa rebelião resultaram em uma ruptura entre céu e terra. Isso, claro, não significa que Deus não se envolva com o que acontece na terra. Em vez disso, seu "lugar de repouso" agora é o céu, enquanto a terra é o seu "escabelo" (Is 66,1-2). A tenda e, depois, o templo proporcionam um local singular onde céu e terra podem uma vez mais se encontrar.

Mais tarde na Bíblia, o Novo Testamento apresenta o próprio Jesus como Emanuel — Deus morando entre nós. O Messias Jesus incorpora o templo (Jo 2,19-22), e a igreja também funciona como o lugar de morada de Deus (Ef 2,19-22; 1Pd 2,4-5). Até que, por fim, na nova criação, não haverá necessidade de um templo físico, pois toda a criação estará uma vez mais repleta da glória e da presença de Deus entre seu povo redimido (Ap 21,1-3.22-23).

Sacerdotes e sacrifício. Sacerdotes são indicados para servir na área do tabernáculo e cumprir outras obrigações na comunidade. Eles são inicialmente Aarão (irmão de Moisés) e seus filhos, depois seus descendentes dentro da tribo de Levi. Têm uma ampla gama de responsabilidades, entre elas ensinar a lei de Deus para o povo (Lv 10,10-11) e diagnosticar problemas de saúde pública (Lv 13–15). Mas seu principal trabalho é oferecer os sacrifícios do povo no altar no átrio do tabernáculo e, mais tarde, do templo.

O sistema de sacrifícios é descrito em Levítico 1–7. Há diferentes instruções para cinco diferentes tipos de sacrifício, servindo a fins diversos, mas complementares. A intenção geral é purificar a comunidade dos efeitos de pecados de rotina (ou não intencionais) e da impureza ritual por várias razões. Há variações entre os nomes nas diferentes Bíblias.

O sacrifício do holocausto. O animal sacrificial é totalmente consumido no altar. Este sacrifício é oferecido tanto como expiação por transgressões como em ação de graças e culto de maneira geral.

O sacrifício da oblação. Este parece acompanhar outros sacrifícios.

O sacrifício da comunhão. A carne do animal sacrificado é compartilhada, num banquete alegre, para os cultuadores e como uma fonte de alimento para os sacerdotes. Isso expressa comunhão renovada entre os cultuadores e sua família e Deus.

O sacrifício pelo pecado. Este também tem significado de expiação e é também usado para limpeza ritual.

O sacrifício de reparação. Este acompanha a reparação por males feitos a outros.

Oferendas de holocausto e oferendas de comunhão são os tipos mais comuns de sacrifícios. O sistema sacrificial deixa claro para as pessoas que, embora Javé seja seu Deus e queira morar no meio de seu povo e manter uma relação amorosa e protetora com eles, Javé é absolutamente santo, e pessoas pecadoras não podem se aproximar dele despreocupadamente. É preciso lidar com o pecado e a impureza e expiá-los antes de poder vir à presença de Deus em culto e ação de graças.

O DESERTO

Depois de ficar no Monte Sinai por aproximadamente dois anos, Israel parte para a terra que Deus lhes prometeu (Nm 10,11-13). Do oásis em Cades-Barné, Moisés envia doze espiões para fazer o reconhecimento da terra, mas eles retornam com um veredicto de dez a dois contra tentar invadi-la. A moral das pessoas é abalada; elas se recusam a confiar na promessa de Deus de ir junto com elas e derrotar seus inimigos e se rebelam contra Moisés e não querem avançar para a terra. A história está registrada em Números 13–14, mas vale a pena ler sobre a lembrança e a interpretação do evento trágico por Moisés em Deuteronômio 1,19-46.

O resultado é que todo o povo que saiu do Egito permanece no deserto pelos próximos trinta e oito anos, até que quase todos eles morrem, e é a geração seguinte que, por fim, atravessa o Jordão e entra na terra. Essa era no deserto é cheia de lembranças tanto negativas como positivas para Israel.

Por um lado, é um tempo de constante descontentamento e rebelião contra Deus, conforme é registrado no livro de Números. Os israelitas são o povo que Deus escolheu para ser o meio de trazer a bênção para todas as nações, mas eles próprios são tão pecadores quanto qualquer outro povo. Eles incorrem repetidamente no julgamento de Deus e estão em constante necessidade da misericórdia de Deus. Nesse sentido, representam a humanidade caída no que ela tem de pior. Lemos suas histórias com algum horror, mas sem nenhuma sensação de superioridade moral. Pelo contrário, devemos ficar surpresos com a honestidade com que Israel apresenta a história épica de seus próprios ancestrais de maneira tão sombria.

Por outro lado, o deserto é um tempo em que Israel experimenta a espantosa graça de Deus. Ele os conduz, os alimenta e lhes dá de beber. Ele os protege de seus inimigos e daqueles que querem amaldiçoá-los. Poupa-os mesmo quando eles o deixam furioso o bastante para destruí-los. Você pode ler parte dessa história em Êxodo 16–17 e Números 11; 22–25, mas é mais fácil ler os resumos em Deuteronômio 1–3; 8. Isso é algo de que Israel é advertido a se lembrar para sempre, como uma experiência de aprendizado profunda que deve influenciar o modo como eles viverão na terra:

Recordar-te-ás de todo o caminho, pelo qual teu Deus, Javé, te conduziu através do deserto, durante quarenta anos, para te humilhar e para te provar, para saber o que tu tinhas no coração e se tu observarias ou não os seus mandamentos. Ele te humilhou e te fez passar fome, nutriu-te com o maná, que não conhecias, nem tu, nem teus pais, para te ensinar que o homem não vive só de pão, mas de tudo o que procede da boca de Javé. Não se gastou a veste que está sobre ti, nem se inchou o teu pé, durante estes quarenta anos. Para que reconheças, dentro do teu coração, que, assim como um homem corrige o seu filho, igualmente Javé, teu Deus, te corrige. (Dt 8,2-5; eu recomendo também a leitura do restante do capítulo)

Infelizmente, eles esquecem muito mais do que lembram, e profetas posteriores recordam os anos no deserto quase como um período de lua de mel em comparação com a infidelidade subsequente do povo (Jr 2,1-8; Os 11,1-4). Esses versículos em Deuteronômio, no entanto, claramente produziram uma impressão profunda no Senhor Jesus Cristo durante seus quarenta dias no deserto, em que ele determina, como o Filho de Deus, obedecer ao que Israel desobedeceu e ser fiel à vontade de seu pai onde eles haviam sido infiéis e rebeldes (Mt 4,1-4).

A TERRA DE CANAÃ

O livro de Josué começa com palavras que talvez já estivéssemos duvidando de que um dia iríamos ouvir. Finalmente, Deus manda o povo, sob seu novo líder, Josué, levantar-se, atravessar o Rio Jordão e tomar posse da terra de Canaã. Josué foi assistente de Moisés e chefe militar durante o período do deserto e, após a morte de Moisés, subiu à posição de liderança para a próxima fase. Deus lhe dá palavras de instrução e incentivo que fortaleceram muitos novos líderes desde então (Js 1). Como Moisés, Josué (cujo nome, como o nome Jesus, significa "o Senhor é salvação") serve a Deus até uma idade avançada e o fim de sua própria geração. E, mesmo assim, ele os conclama a continuar escolhendo e servindo a Javé como Deus em uma cerimônia de renovação da aliança no final de sua vida (Js 23–24).

Eles atravessam o Rio Jordão e a história é contada de uma forma que ecoa a travessia do mar quando a geração anterior deixou o Egito (Js 3–4). Depois Josué lidera campanhas militares rápidas no centro, no sul e no norte da região, atacando e destruindo as pequenas cidades muradas dos reis locais. Isso rompe o controle político e militar dessas nações sobre a terra, mas segue-se um longo período de lenta ocupação e assentamento que prossegue por muitos anos. Parte do território, incluindo a cidade de Jerusalém, não é capturada até a época do rei Davi. De qualquer modo, as fronteiras dos assentamentos tribais são definidas na segunda metade do livro de Josué, embora parte delas permaneça bastante idealizada, como o livro de Juízes vai mostrar.

O livro de Josué claramente não é uma representação típica de uma conquista épica em que um lado é glorificado e o outro é demonizado. O herói não é Israel, nem mesmo Josué, mas o próprio Deus. A pergunta não é "De que lado Deus está?", mas "Quem está do lado de Javé?" (ver Js 5,13-14). Precisamos sempre ter em mente que Israel existe para servir ao propósito de Deus (não o contrário). Quando seu povo se desvia desse propósito, sente a ira de Deus. Inversamente, quando outros se alinham com o propósito de Deus, encontram sua misericórdia.

GENOCÍDIO?

Muitas pessoas se sentem profundamente perturbadas pelos relatos no Antigo Testamento da conquista de Canaã pelos israelitas. Deus realmente ordenou tamanha violência? Como isso pode ser conciliado com o que sabemos sobre a compaixão e o amor de Deus? Esses são problemas reais e não podem ser adequadamente abordados aqui. Mas aqui estão pelo menos algumas breves perspectivas que é preciso ter em mente. Elas não resolvem todos os problemas, mas nos ajudam a ver além de nossas reações imediatas[1].

A conquista foi um evento militar limitado, confinado a uma única geração. A maioria das outras guerras no Antigo Testamento não foi ordenada por Deus, e algumas batalhas foram condenadas.

---

1. Para uma discussão muito mais aprofundada dessas questões, ver meu *The God I Don't Understand: Reflections on Tough Questions of Faith* (Grand Rapids: Zondervan, 2008), parte 2, "What About the Canaanites?" 73-108. Dois dos melhores livros inteiros sobre o tema são de Paul Copan, *Is God a Moral Monster: Making Sense of the Old Testament God* (Grand Rapids: Baker, 2011); e *Did God Really Command Genocide: Coming to Terms with the Justice of God* (Grand Rapids: Baker, 2014).

> Havia uma retórica de guerra no mundo antigo que usava hipérboles gráficas ("matar tudo o que respirasse") quando a realidade no campo acabava sendo muito menos do que isso. (Usamos o mesmo tipo de hipérbole nos esportes quando nos gabamos de que nosso time "aniquilou" o adversário — sabemos que a palavra é um exagero e não literal.)
>
> O livro de Juízes mostra que o quadro de total destruição em Josué foi, na verdade, apenas parcial. Os editores bíblicos não viram uma contradição entre a retórica e a realidade.
>
> O que foi atacado e destruído foram as pequenas cidades muradas, com seus reis e soldados — o poderio militar dos cananeus. A maior parte da população comum parece ter se retirada para as colinas ou, em alguns casos, se juntado aos israelitas.
>
> A Bíblia explica que Deus usou os israelitas como agentes de seu julgamento da iniquidade dos cananeus naquela época (Lv 18,24-30; Dt 9,1-6). *Não* foi apenas genocídio aleatório e tomada da terra, mas o exercício da justiça moral de Deus.
>
> Mais tarde, Deus exerce a mesma justiça *contra* Israel usando seus inimigos como agentes de julgamento contra eles — de fato, ele o faz com muito mais frequência contra Israel do que contra Canaã.
>
> A derrota dos inimigos cananeus é celebrada em todo o restante do Antigo Testamento como um ato de justiça de Deus, como parte da história da salvação. Não podemos removê-la cirurgicamente como violência primitiva.
>
> Nem Jesus nem qualquer um dos autores do Novo Testamento levantam qualquer questão ou constrangimento em relação a essa parte de suas Escrituras.

Esse princípio é ilustrado em duas das primeiras histórias no livro, que são intencionalmente surpreendentes. Fomos levados a esperar que Israel expulsasse ou exterminasse todos os cananeus. No entanto, o primeiro cananeu que encontramos no livro é uma convertida que é salva: Raab. Sua confissão de fé no Deus de Israel lhe dá proteção (Js 2,8-14; 6,22-25; ver também Hb 11,31; Tg 2,25-26). Ela é uma exceção ou há outros que passam, de modo semelhante, para o lado de Javé?

Na história de Acan, encontramos um israelita que desobedece a Deus e é efetivamente tratado como um cananeu, expulso e executado (Js 7). Israel está aprendendo que a porta de Deus está aberta a estrangeiros que se voltam para ele, e aprendendo ao mesmo tempo que o mero fato de ser um israelita por nascimento e identidade tribal não é garantia de salvação caso se caia em mentiras, dolo e desobediência.

TRIBOS E JUÍZES

Por aproximadamente dois séculos depois de Josué, as tribos de Israel lutam para manter o controle da terra em que entraram. Isto é conhecido como o período dos juízes, uma vez que os líderes do povo são conhecidos por esse termo. No entanto, o termo (em hebraico) não significa alguém sentado em um tribunal, mas um líder em termos gerais, que, às vezes, exerce liderança militar na batalha, às vezes, corrige as situações na comunidade tomando decisões judiciais, às vezes, dá orientação espiritual para o povo. O livro de Juízes nos mostra várias coisas sobre essa era bastante caótica que nos ajudam a entender a enorme mudança que acontece quando Deus encontra, em Davi, um homem segundo o seu coração.

Desunião. Por um longo tempo, as tribos de Israel encontram-se absorvidas em suas próprias lutas para manter e expandir a terra que capturaram dos cananeus na invasão inicial. São isoladas umas das outras pela natureza montanhosa da área e pelas partes ainda controladas pelos cananeus. Não têm uma capital, um rei, um exército nacional. Sofrem ataques frequentes de nações vizinhas. Às vezes, lutam desastrosamente entre si.

A TERRA

A terra se torna um dos principais temas na fé do Israel do Antigo Testamento, uma parte essencial da promessa de Deus para Abraão, como vimos no capítulo 2. Israel acreditava em duas coisas complementares sobre sua terra.

Era a terra que Deus deu. Israel tinha uma terra para viver simplesmente porque Deus a prometeu e lhes deu para que vivessem nela. Essa tradição da dádiva da terra ensinou a Israel algo muito importante: podia-se confiar em Deus. Ele havia cumprido sua promessa para Abraão. A fidelidade de Deus à sua promessa havia superado todos os obstáculos: opressão e escravidão no Egito, o descontentamento e rebeliões dos israelitas, os ataques de seus inimigos e a resistência dos cananeus. A terra era prova tangível do caráter de Deus. Cada colheita lembrava os israelitas de que podiam confiar em Deus, e eles se apoiavam totalmente nesse fato. Quando um agricultor israelita levava as primícias de sua colheita para o santuário, ele afirmava essa verdade com gratidão e comemoração (Dt 26,1-11).

Era a terra que ainda pertencia a Deus. Israel tinha a posse da terra, mas Deus continuava sendo seu proprietário — assim como é dele toda a terra (Sl 23,1). Era como se Javé fosse o grande senhor da terra e Israel fosse seu inquilino. É assim que

> o próprio Deus descreve a relação: "A terra é minha", diz o Senhor, "e vocês são meus hóspedes e inquilinos" (Lv 25,23; minha tradução). O que isso significava na prática era que Deus se importava com tudo o que tinha a ver com a vida em sua terra, como as muitas leis de economia da Torá mostram: como ela deveria ser dividida entre as tribos e famílias, e não simplesmente comprada e vendida de uma forma comercial; o que deveria ser feito com sua produção agrícola, especialmente para os pobres e necessitados; como os que trabalhavam na terra (humanos e animais) deveriam ser tratados; e como eles deveriam lidar com questões de pobreza e dívidas. Isso explica por que os profetas, ao falar em nome de Deus, ficavam tão bravos com o sofrimento causado por injustiça e opressão econômicas, quando algumas pessoas acumulavam vastas propriedades, enquanto outras eram expulsas de sua terra. Explica também por que o clímax do julgamento de Deus sobre Israel foi expulsá-los da terra novamente, para o exílio em Babilônia, e por que a prova de seu perdão e de sua restauração foi quando ele lhes permitiu voltar para a terra cerca de cinquenta anos depois. A terra era uma parte central da identidade de Israel e de sua responsabilidade na aliança.

No entanto, eles conseguem superar essa era e manter algum sentido de unidade. Eles têm uma identidade ideal comum como *Israel*, o que os une e os faz sentir alguma obrigação moral de ajudar uns aos outros. Isso é ilustrado nas histórias de Débora (ver Jz 4–5, especialmente Jz 5,6-18) e Gedeão (Jz 6,33-35). Eles têm uma identidade comum como o povo de *Javé*. Ele é o verdadeiro rei e juiz supremo, acima dos líderes locais. Essa lealdade religiosa está centrada em Silo, onde o tabernáculo e a Arca da Aliança estão estacionados. As tribos israelitas estão na terra, mas ainda não são uma nação unificada nem estão no controle de todo o território.

Deslealdade. O livro de Juízes é uma leitura deprimente, pois registra como os israelitas constantemente se afastam de Javé, seu Deus, para cultuar os deuses dos cananeus vizinhos. A sequência é resumida em Juízes 2,6-23. Você talvez se pergunte como eles podem ser tão frequentemente desleais, mas tente entender como eles são tentados a pensar.

Baal é o nome do deus dominante de Canaã, a terra em que os israelitas foram morar. Os habitantes da terra parecem considerá-lo muito poderoso — basta olhar para o sucesso deles na agricultura, no comércio, na civilização (ora, eles até inventaram um alfabeto), cidades, coisas em que os israelitas, depois de gerações de escravidão no Egito e uma geração no deserto, têm pouco domínio. Os israelitas provavelmente sentem que a ajuda de qualquer deus em volta é bem-vinda. Baal é considerado o deus da chuva, da fertilidade (da terra e das plantações), do sexo e da procriação, dos negócios e da própria terra. Para ser franco, Baal é o deus de tudo o que parece importar. Quanto a Javé, ele é um deus muito competente para se ter nas batalhas, como sua história mostra, e eles não o abandonarão totalmente (eles pensam). Mas, para o dia a dia, a vida prática no mundo real de habitar essa terra, Baal é realmente necessário. Ou assim parece.

Esta é a essência do *sincretismo*: misturar o culto ao Deus vivo com o culto aos deuses do povo ao redor. Antes de culparmos os antigos israelitas, devemos nos perguntar: será que os cristãos modernos são muito diferentes? No domingo, claro, nós cultuamos o Deus que conhecemos pela Bíblia e Jesus Cristo. Mas, no restante da semana, nossa vida é facilmente governada pelos ídolos de nossa cultura circundante — sucesso, dinheiro, *status*, tecnologia, consumismo, celebridade e assim por diante. Os israelitas veem que essa mistura é fundamentalmente deslealdade a seu Deus da aliança e redentor.

Libertação. O que se destaca no livro de Juízes, porém, não é tanto o fracasso constante dos israelitas quanto os grandes atos de Deus para libertá-los. Ele o faz por intermédio de um grupo de homens e mulheres notáveis. Quem são eles, e por que são chamados de juízes?

Eles são erguidos por Deus. Não são autoindicados (um deles procura e encontra um fim bem desagradável em Jz 9), nem são democraticamente eleitos. É Deus quem toma a iniciativa e os chama para sua função.

Eles são agentes especiais de Deus. Atuam em nome de Deus, com a autoridade de Deus, de modo que é de fato Deus atuando por intermédio deles como o verdadeiro líder de seu povo.

Eles executam a justiça de Deus. Às vezes, isso inclui atividade judicial como a conhecemos, mas o âmbito da justiça de Deus é mais vasto do que apenas o das questões jurídicas. Se seu povo está sendo oprimido, há injustiça. Ao promover líderes para derrotar tais opressores, Deus está agindo com justiça, e seus agentes são chamados de juízes, fazendo a justiça de Deus na terra.

Eles agem no poder do Espírito de Deus. Alguns deles são pessoas muito comuns, não grandes super-heróis de forma alguma. Quando eles realizam grandes coisas, é porque o Espírito de Deus está em ação. Gedeão é um bom exemplo: ele afirma que é o menor em sua família, mas nós lemos que "o Espírito de Deus vestiu Gedeão" (Jz 6,34; minha tradução literal), e, assim, ele consegue derrotar os midianitas.

Eles se tornam exemplos de fé. A carta aos Hebreus inclui alguns dos juízes do Antigo Testamento em sua lista de exemplos de fé (Hb 11,32). Isso não significa que eles sejam exemplos perfeitos de comportamento modelo. Alguns deles são personagens muito desagradáveis que fazem coisas estranhas. Mas eles respondem ao chamado de Deus em confiança e obediência, mesmo contra as probabilidades. Isso é o que significa fé.

OS TRÊS REIS

Estamos chegando mais perto do Rei Davi e de nossa quarta frase, mas Israel não se torna uma monarquia da noite para o dia. A transição do tempo dos juízes é lenta. A figura de destaque que se estende por essa transição é Samuel. A história ocupa 1 Samuel 1–12.

Samuel. Samuel exerce uma vida inteira de liderança entre as tribos de Israel que é semelhante à vida de um rei (embora ele não o seja, claro). Saul, o primeiro rei, é, em muitos aspectos, similar aos juízes que lideraram o povo antes dele. Seja como for, a mudança definitiva acontece nesse tempo: Samuel é o último dos juízes, e Saul, o primeiro dos reis, e depois dele vem Davi, o homem segundo o coração de Deus. O que leva a essa mudança? Três fatores se destacam na narrativa.

Qualidades de liderança de Samuel. Desde sua juventude, Samuel é um destacado homem de Deus. Ele atua como juiz no sentido jurídico; também é um líder militar robusto; pode proferir a palavra de Deus como profeta; e pode realizar sacrifícios como um sacerdote, embora não na tenda em Silo (onde Eli e seus filhos são sacerdotes). Infelizmente, porém, seus próprios filhos não seguem seus altos padrões ou seu exemplo e cedem às tentações de suborno e corrupção. Ironicamente, o excelente modelo de liderança de Samuel contribui para as demandas por um rei.

Os filisteus. Estes são os piores de todos os inimigos que os israelitas tiveram de enfrentar. Eles também são um povo invasor da região do Egeu que se estabeleceu na planície costeira ocidental. Já fazem uso da tecnologia do ferro, portanto têm armas e carros superiores. Os filisteus tratam os homens das tribos hebraicas com desprezo. Não só os vencem nas batalhas, como também roubam temporariamente a Arca da Aliança. Os israelitas, profundamente humilhados, sentem que sua única esperança está em ter uma liderança forte e unificada — um rei.

O pedido do povo. Representantes das tribos procuram Samuel e lhe pedem para lhes nomear um rei. Podemos entender as pressões que estavam por trás desse pedido, mas ele não agrada a Samuel — ou a Deus — por duas razões. Primeiro, o povo diz que quer um rei para ser "como as outras nações". Mas Deus chamou Israel precisamente para ser diferente das outras nações não apenas religiosamente, como também em seus arranjos sociais, econômicos e políticos. Segundo, o desejo do povo por um rei humano é uma rejeição implícita do reinado de Deus, exercido por intermédio dos líderes que ele promovia em tempos de necessidade. Deus diz a Samuel: "Não é você; sou eu. É a mim que eles rejeitaram como seu rei".

Deus lhes dá um rei como eles pediram. Mas não antes de Samuel lhes deixar bem claras algumas das consequências negativas de longo prazo que eles enfrentariam sob um sistema monárquico de governo. Eles teriam de suportar coisas que não existiam no antigo sistema tribal, como impostos, trabalho forçado, confisco de terras, alistamento militar — até que a monarquia começasse a parecer escravidão novamente (1Sm 8,10-18). Como se verá mais tarde, as advertências de Samuel se revelam tristemente verdadeiras, já no reinado do terceiro rei, Salomão, e ficam ainda piores depois dele.

Resumindo: a mudança para a monarquia em Israel é algo ambíguo e paradoxal. O pedido de Israel por um rei é, em si, o resultado da pecaminosa falta de fé e da disposição em aceitar sua identidade como o povo santo (diferente) de Deus. Como mostra o restante do Antigo Testamento, quase todos os reis falham no âmbito moral e espiritual e, às vezes, também no aspecto político — de forma desastrosa no final. Mesmo assim, Deus aceita o pedido e responde a ele. Ele escolhe o primeiro rei, depois o próximo — o próprio Davi. Além disso, promete abençoar o rei e a nação se os dois continuarem a obedecer a ele conforme a aliança exige. Mas, se não o fizerem, ambos sofrerão o julgamento de Deus. Na perspectiva mais longa, Deus usará o modelo de realeza humana (mesmo com suas falhas) como veículo para alguns ensinamentos muito importantes sobre seu próprio *status* como o rei divino, e também como uma forma de preparar para aquele que virá como o rei messias verdadeiramente ungido do povo de Deus.

A monarquia em Israel, portanto, ilustra de uma forma muito poderosa uma parte importante da teologia do Antigo Testamento (e da Bíblia): a interação entre as escolhas humanas e a soberania de Deus. Por um lado, a monarquia surge como algo decadente, falho, e mesmo como uma rejeição ao governo de Deus. Por outro lado, Deus, em sua própria providência soberana, a aceita, trabalha com e por meio dela e a insere em seu plano salvador de longo prazo, transformando-a em um modelo para que se compreenda uma parte da identidade de Jesus Cristo.

Rei Saul. Saul é uma das figuras mais trágicas na Bíblia. Sua história ocupa o restante de 1 Samuel.

O primeiro rei de Israel é tão ambíguo quanto a função que ele assume. Por um lado, ele tem muitos talentos, é alto e forte; a princípio, tem a amizade e o apoio de Samuel e vence algumas batalhas com sucesso. Mas, por outro lado, ele também tem algumas falhas fatais. Ele falha em seguir cuidadosamente o que Samuel lhe diz, toma algumas decisões muito tolas (e até admite sua própria insensatez), cede a uma inveja paranoica e obsessiva de Davi, acaba em tamanha solidão espiritual que tenta obter ajuda do falecido Samuel por intermédio de uma médium (uma prática que ele próprio proibiu) e, por fim, tira a própria vida quando suas tropas são derrotadas pelos filisteus (uma vez mais). Os israelitas pediram um rei para expulsar os filisteus. No entanto, quando seu primeiro rei morre, eles estão sob a cruel opressão dos filisteus mais do que nunca.

Rei Davi. Depois que Saul morre, há uma guerra civil longa e terrível, mas por fim Davi (que foi ungido por Samuel anos antes) é reconhecido como rei. Ele governa por sete anos em Hebron, na terra de sua própria tribo, Judá. Mas, então, ele dá um passo que terá grande importância no restante da história da humanidade: ele toma a pequena cidade montanhosa de Jerusalém de seus habitantes jebuseus e a torna a capital fortificada de seu reino. Estrategicamente, é uma escolha excelente; a cidade é razoavelmente central na terra e facilmente defendida. Davi constrói para si um palácio ali e faz desse local o centro do seu reino — isto é, de todas as tribos de Israel (2Sm 2–5). Ele reina em Jerusalém por mais trinta e três anos.

Seguro nessa capital, Davi organiza um sistema de governo e derrota muitas das nações vizinhas, fazendo-as pagar tributo a ele (de modo que ele acumula muita riqueza). Acima de tudo, ele derrota definitivamente os filisteus e proporciona ao povo um descanso de seus inimigos. Finalmente — vários séculos depois de Moisés e Josué —, os israelitas tomam o controle da Terra Prometida.

Ele também leva a Arca da Aliança para Jerusalém, em meio a uma grande alegria popular (2Sm 6). Almeja construir um templo para alojá-la, mas Deus lhe diz que será seu filho que deverá cumprir essa tarefa. Rapidamente Jerusalém se torna conhecida não só como a cidade de Davi, mas também como Sião, a cidade de Deus. Torna-se o ponto focal para a fé e o culto das tribos de Israel.

Davi, o homem segundo o coração de Deus, de fato realizou grandes coisas.

Mais uma vez, porém, a honestidade da Bíblia é clara. Davi cai em uma teia de pecado que inclui adultério, mentira e assassinato planejado — a história de Davi e Batseba em 2 Samuel 11–12. Embora Davi se arrependa, as consequências de sua falha envenenam sua vida familiar daí por diante. Ele não tem autoridade moral para repreender um de seus filhos pelo mesmo tipo de comportamento. Outro de seus filhos, Absalão, trava uma guerra contra o pai, uma guerra que lhe custa a própria vida, para terrível tristeza de Davi (2Sm 13–18).

Os livros de Crônicas registram como, antes de morrer, Davi fornece a seu filho Salomão os planos para construir um templo para o Deus de Israel. São também um registro de imensos recursos de riqueza, de Davi e do povo (1Cr 28–29).

Rei Salomão. Depois de um curto mas sangrento período de eliminação implacável de seus rivais, Salomão estabelece um reinado extenso e glorioso, mas com um lado sombrio. A história ocupa 1 Reis 1–11.

No lado positivo, Salomão desenvolve um sistema administrativo para todo o país e fortalece algumas cidades defensivas. Ele proporciona a Israel um período livre de guerras que seu povo nunca havia conhecido antes — ou jamais veria novamente. Ganha reputação internacional por sua riqueza e sua sabedoria, transformando Jerusalém em um centro de cultura e de comércio e diplomacia cosmopolita. Realiza projetos de construção e empreendimentos comerciais. Acima de tudo, ele constrói o templo que seu pai, Davi, planejou. Dedica-o com uma oração notável (1Rs 8), pedindo a Deus que ouça as orações não só de seu povo Israel, como também de todos os estrangeiros que vierem ao templo e rezarem ali para Javé, o Deus de Israel. Por que Deus deveria responder às orações de *estrangeiros*? Para que o nome de Javé seja conhecido até os confins da terra — uma motivação missionária que ecoa a aliança abraâmica (1Rs 8,41-43).

No lado negativo, Salomão antagoniza as tribos do norte, que não gostam de ser governadas pela tribo arrogante de Judá sozinha no sul. Ele cumpre as piores das previsões de Samuel, impondo tributos e trabalho forçado, criando divisões entre ricos e pobres no país que pioram com o passar do tempo e gerando muito descontentamento e contrariedade. Pior de tudo, apesar de construir o templo para Javé, ele põe em risco a simplicidade da fé de Israel ao promover vários casamentos e alianças políticas com estrangeiros — o que inclui a importação do culto de outros deuses. Em resumo, Salomão quebra todas as três restrições que Deus impôs aos reis de Israel. Deuteronômio 17,14-20 diz que um rei israelita não deve multiplicar para si armas, mulheres e riquezas (as próprias coisas que eram as vantagens esperadas do poder político em outras nações, inclusive hoje). Salomão multiplica todos os três.

Pouco depois da morte de Salomão, em 930 a.C., a ira das tribos do norte contra as políticas opressivas da corte de Jerusalém transborda. Estas se rebelam contra Roboão, filho de Salomão, e se desligam para formar um reino isolado no norte — o reino de Israel, distinto do reino de Judá no sul. O povo de Deus fica dividido. As feridas são profundas.

A monarquia unida (isto é, o governo sobre todas as tribos) exercida por Saul, Davi e Salomão durou cerca de um século. O homem segundo o coração de Deus desempenhou seu papel em sua própria geração, mas seus pecados e os pecados constantes do povo produzem uma série de desastres atrás da outra.

A ALIANÇA DAVÍDICA

O acontecimento mais importante durante esse período é a aliança que Deus faz com Davi. O relato está em 2 Samuel 7. Esta é a seção fundamental.

> Javé te anuncia [a Davi] que é ele que te fará uma casa. Quando os teus dias forem completos e repousares com teus pais, eu manterei depois de ti um descendente teu, saído de tuas entranhas, e eu firmarei a sua realeza. É ele que edificará uma casa para o meu nome, e eu firmarei o seu trono real para sempre. Eu serei para ele um pai. E ele será para mim um filho: se ele cometer iniquidade, castigá-lo-ei com uma férula de homem e com fustigações de gabarito humano, mas meu favor não lhe será retirado, como eu o retirei de Saul, que eu afastei diante de ti. A tua casa e a tua realeza durarão para sempre diante de mim, o teu trono será inabalável para sempre. (2Sm 7,11-16)

Davi diz que quer construir uma casa para Deus. Deus responde que não precisa de uma (embora permita que, depois, o filho de Davi a construa mesmo assim — o templo de Salomão). Em vez disso, Deus construirá uma casa para Davi: uma dinastia real.

A promessa de Deus a Davi, como se pode ver na passagem anterior, inclui quatro coisas:

1. Um dos descendentes de Davi será rei sobre Israel efetivamente no futuro. O primeiro é o filho de Davi, Salomão.

2. Os filhos de Davi, que serão reis sobre Israel, serão considerados como filhos de Deus, o que não significa que sejam divinos, mas que Deus os levará a um relacionamento consigo como pai e filho (Sl 2,7).

3. Essa relação pai-filho inclui amor recíproco (de Deus) e obediência (do rei), com a ameaça de punição (como na aliança com Israel). Assim, o rei davídico ainda é responsável perante Deus por manter a lei de Deus. Nesse sentido, a aliança com Davi não

substitui a aliança do Sinai, mas, sim, põe o rei sob as mesmas obrigações que o restante do povo. Javé ainda é o verdadeiro rei de Israel. E o rei humano de Israel, como o povo que ele governa, deve obedecer a Javé.
4. A casa e o reinado de Davi serão eternos. Isso significa que um filho de Davi governará o povo de Deus para sempre.

Essa promessa é tão surpreendente que o próprio Davi precisa se sentar para absorvê-la antes de agradecer a Deus por tamanha generosidade por meio de uma prece notável (2Sm 7,18-29). Quando essa promessa a Davi é combinada com a glória do templo de Salomão, ela gera todo um derramamento de culto e de louvor ligados a *Sião* — cidade de Davi e cidade de Deus. De fato, há toda uma série de salmos de Sião espalhada pelo livro dos cânticos de Israel. Esta é apenas uma amostra das emoções que Jerusalém-Sião-templo despertavam no coração dos israelitas cultuadores devotos. Esses salmos e outros como eles são resultado da decisão de Davi de escolher Jerusalém como sua capital e tomar as providências para que seu filho construísse ali um templo para o Senhor, e da decisão de Deus de fazer sua promessa de aliança com Davi e sua casa.

> O Senhor mostrou-se grande, de todo louvor é digno
> na sua cidade santa!
> Sua colina é sagrada, é um monte altivo e belo,
> deleite de todo o mundo.
> Ó Sião, colina santa, ó vera mansão divina,
> cidade do grande rei. (Sl 47,2-3)

> Como é digna de amor a tua casa,
> ó Senhor do universo!
> Ansiosa desejou a minha alma
> os átrios do Senhor.
> Meu coração e minha carne exultam
> ao buscar o Deus vivo. (Sl 83,2-3)

> O Senhor ama a cidade que fundou no monte santo.
> Ama as portas de Sião mais que todas de Jacó.
> De ti, ó cidade dele, Deus diz coisas gloriosas. (Sl 86,1-3)

> Pois o Senhor quis Sião,
> por morada ele a escolheu:
> "Meu repouso é para sempre,
> é o lugar que eu desejei." (Sl 131,13-14)

Dois grandes problemas surgem, no entanto. *Primeiro: o problema da complacência.* O povo está tão ciente das promessas de Deus para a linhagem de Davi, tão certo de que Deus escolheu Jerusalém como o lugar onde ele habitará, tão confiante em que Deus sempre defenderá sua cidade e seu templo, que cai em uma arrogância complacente. Deus nunca permitirá que sua cidade e seu templo sejam destruídos, eles pensam, não importa como o rei e o povo vivam. Séculos depois de Davi, portanto, o profeta Jeremias tem de alertar os descendentes de Davi, que são reis em Jerusalém e estão se comportando com flagrante iniquidade, de que eles não são imunes ao julgamento de Deus. Deus cumprirá suas ameaças bem como suas promessas (Jr 7,1-5; 22,1-30). E, como veremos no próximo capítulo, ele o faz.

Segundo: o problema do fracasso. Quase todos os reis da linhagem de Davi, começando por Salomão e com apenas duas exceções (Ezequias e Josias), deixam de viver em obediência a Deus, como filho em relação ao pai. O filho de Salomão, Roboão, age com tamanha insensatez opressiva que perde quatro quintos de seu reino, deixando o reino de Judá como um pequeno resto das doze tribos originais. No fim, depois de séculos de advertências dos profetas, o último rei na linhagem de Davi, o rei Sedecias, perde seu reino, sua cidade, seus filhos e sua vida no terrível incêndio quando Nabucodonosor, rei de Babilônia, destrói Jerusalém e leva o povo ao exílio em 587 a.C.

O reinado de Davi caiu. A promessa de Deus a Davi falhou, a promessa feita ao homem segundo o próprio coração de Deus? Essa é a pergunta angustiante sobre a qual pode-se ler muito vividamente no Salmo 88, escrito após a catástrofe de 587 a.C. A primeira parte gloriosa celebra as promessas de Deus a Davi (Sl 88,2-38). Mas, então, somos chocados pelas perguntas acusadoras na segunda parte (Sl 88,39-52), terminando com "Onde, Senhor, [estão] as graças de outros tempos? Tu juraste a Davi fidelidade!" (Sl 88,50). De fato, onde?

Mas, não, Deus não se esqueceu de sua promessa. Não há mais filho de Davi reinando em Jerusalém (na verdade, também não há mais reino de Judá ou reino de Israel). Contudo, Deus *não* abandonou sua promessa a Davi. Em vez disso, essa promessa é transformada em uma expectativa, uma declaração profética de que Deus irá *mais uma vez no futuro* elevar um filho de Davi, que será o verdadeiro rei e pastor do povo de Deus, e que *seu* reino será realmente eterno. Essa se torna a grande esperança de Israel e de suas Escrituras.

Estes são alguns dos textos nos Profetas que expressam essa esperança de um filho vindouro de Davi e representam seu reinado universal e eterno:

> Pois um menino nasceu para nós,
> um filho nos foi dado;
> ele recebeu o império sobre os ombros
> e foi-lhe dado como nome:
> Conselheiro Admirável, Deus Forte,
> Pai para sempre, Príncipe da Paz.
> Imenso é o império,
> e uma paz sem fim
> para o trono de Davi e seu reino,
> que ele estabeleceu e consolidou
> no direito e na justiça,
> desde agora e para sempre.
> O amor zeloso de Javé dos exércitos fará isto. (Is 9,5-7)

> Sairá um rebento do tronco de Jessé [o pai de Davi],
> um broto despontará de suas raízes:
> sobre ele repousará o espírito de Javé,
> espírito de sabedoria e inteligência,
> espírito de conselho e força,
> espírito de ciência e temor a Javé,
> e ele respirará o temor de Javé.
> Não julga pelas aparências,
> e não decidirá por um simples boato,
> mas julga os fracos com justiça,
> e dá sentença justa aos pobres do país. (Is 11,1-4)

> Eis que dias virão — oráculo de Javé —
> quando suscitarei a Davi um rebento justo;
> será rei de verdade e agirá com prudência:

haverá direito e justiça no país.
Nos seus dias, Judá será salvo
e Israel habitará em segurança.
Eis o nome que lhe darão:
"Javé justiça nossa". (Jr 23,5-6)

Miqueias prevê que o futuro rei de Israel nascerá em Belém, a vila da qual veio Davi (Mq 5,2-4), e seu reinado se estenderá até os confins da terra.

Essas passagens parecerão familiares se você já tiver participado de cultos nas igrejas no Natal. Os cristãos acreditam que essas profecias, baseadas na promessa original a Davi, foram de fato cumpridas por Jesus de Nazaré, "filho de Davi, filho de Abraão", conforme Mateus o apresenta (Mt 1,1).

Retornando ao ponto onde começamos este capítulo, o apóstolo Paulo enfatiza isso no início e no final de Romanos (Rm 1,3; 15,12). No centro do evangelho de Paulo está a afirmação de que Jesus de Nazaré, crucificado e ressuscitado, é aquele por intermédio de quem Deus cumpriu sua promessa a Abraão e Davi — ele é de fato o filho maior do grande Davi. Por essa razão, o rei Jesus é aquele que, por sua ressurreição, é agora proclamado senhor e rei sobre todos os governantes terrenos até os confins da terra. O próprio Jesus afirma essa autoridade global (Mt 28,18-20), e Paulo a proclama e está preparado para sofrer a ira desses governantes terrenos na forma do Império Romano e de suas exigências de culto a César como senhor.

O reconhecimento de Jesus como o messias e verdadeiro rei na linhagem de Davi apoia-se não só no que Paulo diz, como também na autoridade do próprio Deus pai. Pois, quando Jesus é batizado por João Batista no Jordão no início de seu ministério público, a voz de Deus vinda do céu o identifica com palavras que ecoam intencionalmente o que Deus diz ao rei Davi no Salmo 2,7 — "Tu és meu filho bem-amado! Em ti encontro toda a minha satisfação" (Mc 1,11).

Jesus, filho de Davi, filho de Deus, é o homem segundo o coração de Deus.

Profetas 5

> O que Javé reclama de ti: somente praticar a justiça, amar a fidelidade e caminhar humildemente com o teu Deus.
>
> MIQUEIAS 6,8

É só isso?

Isso é tudo o que Deus exigiu do povo de Israel (ou exige de nós)? Só essas três coisas?

Você pode ter notado que Êxodo, Levítico e Deuteronômio são livros grandes, que contêm (ou assim nossos amigos judeus nos dizem) mais de seiscentas leis específicas. E tudo o que Deus requer é *justiça*, *fidelidade* (ou bondade, ou compaixão — as traduções diferem) e *humildade* diante de si?

Quem disse?

Bem, quem disse foi Miqueias, o profeta, mas ele diz que ouviu do próprio Deus. "Ó homem, já te foi revelado o que é bom", diz Miqueias 6,8. O Deus que dá mais de seiscentas instruções está satisfeito em condensá-las nessas três. Elas são, possivelmente, o que Jesus vislumbra quando fala dos "pontos mais importantes da lei: a justiça, a misericórdia e a fidelidade" (Mt 23,23).

Como vimos na introdução, essa não é a primeira vez em que temos tal resumo radical do que Deus quer de seu povo. Deuteronômio apresenta Moisés fazendo a mesma coisa — exceto que ele só consegue reduzir as exigências de Deus a cinco. "E agora, Israel, que te pede Javé, teu Deus, senão que *temas* a Javé, teu Deus, *sigas* por todos os seus caminhos *amando* a Javé, teu Deus, [*servindo-o*] de todo o teu coração e de toda a tua alma, *observando* os mandamentos de Javé e as suas leis, que hoje te ordeno, para que sejas feliz?" (Dt 10,12-13; meus itálicos).

Temer, seguir, amar, servir, observar... é isso.

Jesus, então, faz a redução definitiva condensando a Lei e os Profetas (praticamente todo o Antigo Testamento) nos dois mandamentos fundamentais que ele chama de o primeiro e o segundo principais de todos os mandamentos em Mateus 22,34-40: (1) "Amarás o Senhor, teu Deus" (Dt 6,5), e (2) "Amarás a teu próximo como a ti mesmo" (Lv 19,18).

O objetivo desses resumos poderosos é nos lembrar de que estar em uma relação certa com Deus não é só uma questão de assinalar o cumprimento de itens na lista de instruções e regras. É uma questão de *compromisso fundamental com o próprio Deus*, expresso por meio de amor e submissão humilde a Deus (na relação vertical) e da ação com justiça e compaixão nos assuntos humanos (na relação horizontal). Essa é a essência da relação de aliança entre Deus e Israel no Antigo Testamento. E é o trabalho dos profetas (um trabalho não reconhecido na maior parte do tempo) lembrar as pessoas dessa verdade.

Nossa quinta frase vem da boca de um profeta, Miqueias, que confrontou o reino de Judá no século VIII a.C. e tem uma coleção de mensagens reunidas no livro que leva seu nome na Bíblia. Neste capítulo, portanto, abordaremos uma parte importante da biblioteca do Antigo Testamento: os Profetas. Quem são eles? Qual era seu trabalho? Quando eles viveram? Nossa escolha da frase representa um resumo justo de sua mensagem?[1]

FALAR POR DEUS

Devemos começar fazendo a distinção entre o grande número de *pessoas* que foram profetas em Israel e o pequeno número (quinze) de *livros* com nomes de profetas incluídos na Bíblia.

---

1. Parte do material nas seções a seguir é condensada e adaptada de meu livro *How to Preach and Teach the Old Testament for All It's Worth* (Grand Rapids: Zondervan, 2016), também publicado como *Sweeter than Honey: Preaching the Old Testament* (Carlisle, UK: Langham Preaching Resources, 2016), caps. 11-12. Usado com autorização.

Houve muitos profetas enviados por Deus ao longo do período do Antigo Testamento, e a maioria deles não tem livros com seu nome. Moisés é um profeta. Também sua irmã Miriam é uma profetisa (Ex 15,20; Mq 6,4). De fato, Moisés é, em alguns aspectos, o modelo para todos os profetas posteriores (Dt 18,18). Depois houve profetas como Samuel, Natan, Elias, Eliseu, além de muitos outros que são mencionados nos livros históricos, mas não nomeados. Alguns dos profetas mais notáveis são mulheres, como Miriam e Débora.

E há os quinze livros do Antigo Testamento que são coleções das mensagens de profetas específicos identificados. Há três livros grandes: Isaías, Jeremias e Ezequiel, e o chamado Livro dos Doze[2]. Esses doze são, às vezes, conhecidos como Profetas Menores, e vão de Oseias a Malaquias. A palavra *menor* significa que seus livros são curtos, não que eles próprios sejam menores ou desimportantes no trabalho que fizeram para Deus em sua época. Alguns deles são, de fato, muito significativos. O Livro dos Doze em conjunto é mais ou menos do mesmo tamanho que o livro de Jeremias.

Profetas são *homens e mulheres que falam por Deus*. Em termos simples, profetas são mensageiros. Eles são porta-vozes de Deus. Deus profere sua palavra por intermédio deles, diretamente nos ouvidos, na mente e no coração de seu povo em diferentes tempos. O que o profeta diz é o que Deus quer que seja dito. Quando eles falam, começam ou terminam com expressões do tipo "Oráculo de Javé".

Atualmente, costumamos usar as palavras *profeta* e *profético* para nos referir a pessoas que preveem o futuro. "Eu não sou profeta", poderíamos dizer, com a ideia de "não me peça para prever o que vai acontecer". Mas os profetas bíblicos não passam todo o seu tempo prevendo o futuro.

O trabalho dos profetas é proferir a palavra de Deus diretamente para as pessoas à sua volta, para a sua própria geração. Eles dizem para as pessoas de Israel o que Deus está pensando e falando sobre a situação

---

2. Em nossas Bíblias, Daniel vem entre Ezequiel e o Livro dos Doze. Isso soma dezesseis. Mas, no cânon hebraico, Daniel não é listado entre os Profetas, mas, sim, entre os Escritos. É por isso que eu me refiro a quinze livros: três Profetas Maiores e doze Profetas Menores.

presente, o que quer que esteja acontecendo em seu próprio tempo. Às vezes, claro, eles *de fato* falam sobre o futuro (seja como uma advertência, seja como um encorajamento). Mas, quando o fazem, geralmente é para fazer as pessoas agirem e pensarem de modo diferente no presente — por exemplo, para se arrependerem e mudarem, ou para terem fé e obedecerem a Deus. Previsões do futuro, em outras palavras, destinam-se a afetar o presente (seu próprio tempo), não só a deixar as pessoas olhando para a distância. Os profetas devem ser vistos mais como anunciadores do que como videntes.

TRANSMITIR A MENSAGEM

Precisamos entender o tipo de linguagem que os profetas usam. Lembre-se, eles são pregadores, comunicadores de rua. Suas palavras são originalmente ditas para serem *ouvidas*, não escritas para serem *lidas*.

Tática persuasiva. Os profetas sabem (por intermédio direto de Deus) que as pessoas estão em perigo verdadeiro se não mudarem o seu jeito de agir. Eles também enfrentam muita oposição, às vezes, violenta. Não devemos imaginar que eles estejam envolvidos em discussões educadas ou num debate acadêmico. Seu trabalho é *persuadir* as pessoas a acreditar no que eles estão dizendo e agir de acordo. Às vezes, precisam *chocar* as pessoas para que elas prestem atenção. Por essa razão, a linguagem dos profetas pode, algumas vezes, parecer exagerada, confrontadora e controversa. Eles se utilizam de sarcasmo e zombaria. Também podem ser desagradáveis e ofensivos. Dizem o que for preciso para fazer as pessoas escutá-los. Infelizmente, como sabemos, os israelitas, em sua maioria, escolhem ignorar as palavras dos profetas e seguir a seu próprio modo, o que gera sua própria destruição. Mas eles nunca poderiam dizer que não foram alertados.

Expressividade poética. Os profetas frequentemente falam e escrevem na forma de poesia hebraica (refletiremos sobre a poesia hebraica no último capítulo). Se você olhar as páginas dos livros proféticos, poderá identificar as seções poéticas pelas linhas curtas e recuadas, que as diferenciam dos blocos de texto em prosa. Mensagens proféticas, às vezes, vêm em declarações breves, utilizando-se de termos muito gráficos, com expressões e imagens incomuns. Esta é a natureza da poesia. Ela procura dizer muito em pouquíssimas palavras. Isso a torna mais fácil de ser lembrada. A poesia também tende a usar a linguagem de maneiras especiais, com figuras de linguagem, comparações, metáforas, simbolismo e assim por diante. A poesia tem uma forma de expressão que, de modo geral, não deve ser tomada literalmente. Em vez disso, precisamos procurar a intenção, a emoção, a mensagem por trás da forma das palavras e reconhecer que a poesia lhes dá ainda mais força.

Se você tiver tempo e uma Bíblia à mão, dê uma olhada em Jeremias 2. Incluí parte do capítulo a seguir. Ele é cheio de imagens poéticas e perguntas retóricas. Oscila fortemente de uma imagem para outra, representando a infidelidade e a rebelião de Israel contra Deus. A linguagem é vibrante e vigorosa. Experimente ler em voz alta, com paixão, fazendo pausas nas perguntas inquiridoras e nas comparações contundentes. Isso é poesia.

> A palavra de Javé foi-me dirigida nestes termos,
> assim fala Javé:
> Vai e brada aos ouvidos de Jerusalém.
> Lembro-me do devotamento da tua juventude,
> do teu amor de noiva:
> seguias-me no deserto,
> por uma região inculta.
> Então Israel era para Javé propriedade sagrada,
> primícias da sua colheita.
> Quem dele comia, pagava caro,
> e a calamidade vinha sobre ele,
> oráculo de Javé.
>
> Por isso, ainda discutirei convosco
> — oráculo de Javé —
> e com os filhos dos vossos filhos.
> Passai às ilhas de Cetim para ver!
> Mandai perguntar em Cedar
> e prestai grande atenção.
> Aconteceu semelhante coisa?
> Um povo trocou seus deuses?
> Eles que nem são deuses!
> Mas meu povo trocou sua Glória

pelo que é sem valor.
Horrorizai-vos, ó céus, à vista disto,
e assombrai-vos mesmo,
oráculo de Javé.
Dois males meu povo cometeu:
abandonaram-me, a mim,
fonte de água viva,
e escavaram cisternas,
cisternas rachadas
que não podem reter água.
Acaso Israel é escravo
ou servo de nascença?
Por que então se tornou presa?
Sobre ele rugiram os leões,
dando seus bramidos.
Reduziram seu país em deserto,
devastaram e despovoaram suas cidades.

Sim, há muito tempo quebraste o teu jugo,
rompeste os teus laços,
dizendo: "Não quero mais servir!".
Pois em cada colina elevada
e à sombra de cada árvore copada
tu te deitavas como uma meretriz.
Plantei-te qual videira escolhida
toda de boa cepa.
Como te mudaste em planta degenerada,
vinha bastarda!
Embora te laves com potassa
e uses muita lixívia,
tua iniquidade fica à minha vista,
oráculo do Senhor Javé.
Como podes dizer
"Não me manchei,
não andei atrás dos Baalins"?.
Vê teu proceder no Vale,
reconhece o que fizeste.
Camela a disparar, cruzando
seus próprios passos,

a lançar-se desabalada para a estepe,
no ardor de sua paixão aspira o ar;
quem lhe reterá o cio?
Quem a procurar, não se cansará
e a achará em seu mês de cio.
(Jr 2,1-3.9-15.20-24)

Linguagem pictórica. Os profetas adoram quadros tanto quanto Jesus adora parábolas. Eu me refiro a quadros em palavras, claro. Os profetas pintam todo tipo de imagem na mente para expressar o que querem dizer. Eles fazem comparações com o mundo à sua volta, com a natureza, com plantas, animais, aves e insetos, o Sol, a Lua e as estrelas, com vento e fogo, terremoto e vulcão, com música e edifícios e todas as relações humanas. Esses quadros em palavras são metáforas, formas poderosas de comunicar verdades. Estas captam a imaginação e despertam todo tipo de conexão na mente.

Jeremias usa pelo menos uma dúzia de diferentes quadros em palavras para transmitir suas mensagens em Jeremias 2. Você percebe sua imagem de uma noiva (Jr 2,2), primícias (Jr 2,3), fonte e cisterna (Jr 2,13), leões (Jr 2,15), uma videira (Jr 2,21), potassa (Jr 2,22), camelos (Jr 2,23-24) e assim por diante? Jeremias pula de uma imagem para outra envolvendo nossa imaginação e tornando sua mensagem memorável. Em todos esses casos, devemos perguntar: o que ele está querendo dizer ao criar este quadro ou esta metáfora?

Palavras em ação. As pessoas se lembram melhor de algo que veem do que de algo que ouvem, e melhor ainda se os dois estiverem combinados. Às vezes, Deus instrui seus profetas a transmitir uma mensagem junto a alguma ação ou a um sinal que a reforce. Pode ser algo simples do dia a dia que, nas circunstâncias, demonstre uma grande fé, como a compra de um campo por Jeremias em Jeremias 32. Às vezes, é algo muito dramático, como quando Jeremias pega um enorme cântaro de barro e o quebra do lado de fora da cidade na presença dos líderes políticos (Jr 19). Entre outros exemplos de profecias com ações estão os seguintes:

- Isaías percorre Jerusalém nu para representar a vergonha do cativeiro que vem pela frente (Is 20).

- Jeremias compra e veste um cinto de linho novo, depois o enterra até este ficar estragado e imprestável, para mostrar o que Israel se tornou aos olhos de Deus (Jr 13).
- Jeremias põe um jugo sobre os ombros e entra em uma conferência diplomática internacional em Jerusalém para dizer aos embaixadores de outras nações que se submetam ao jugo de Nabucodonosor, porque Deus o elevou por aquele momento (Jr 27).
- Ezequiel deita-se de lado "sitiando" um modelo de Jerusalém sobre um grande tijolo de barro para mostrar aos primeiros exilados na Babilônia que a cidade logo será capturada e destruída (Ez 4–5).

QUEM SÃO OS PROFETAS?

Vamos agora conhecer alguns dos profetas mais importantes e situá-los muito brevemente em seu contexto histórico. Temos de fazer isso para encontrar o sentido de suas mensagens. Ler uma passagem de um livro profético pode ser muito confuso. Pode ser como ligar o rádio ou a tevê no meio de uma discussão acalorada. Você pode entender as palavras que estão sendo faladas, mas não tem nenhuma ideia de qual é o assunto de que as pessoas estão falando, porque não conhece o contexto e os antecedentes. Felizmente, alguns dos livros nos dão esse contexto histórico em sua abertura, fazendo referência ao rei ou a alguns reis específicos em cujo reinado eles profetizaram. Neste capítulo, mencionamos profetas que surgiram durante o período da monarquia dividida (em contraste com a monarquia unida dos três primeiros reis). Esse período durou cerca de três séculos e meio, de aproximadamente 931 a.C. a 587 a.C. É um período confuso, uma vez que a Bíblia lista os reis de ambos os reinos, e às vezes eles se sobrepõem e, às vezes, com muita falta de consideração por nós, eles até têm o mesmo nome. Se em algum momento você tiver uma poltrona confortável e uma xícara bem grande de café, pode ler toda a história de 1 Reis 12 até 2 Reis 25. Depois, pode ler a história novamente com algumas ênfases diferentes no relato escrito posteriormente, em 2 Crônicas 10–36. Está feito o desafio.

Profetas do século IX. Dois profetas, Elias e Eliseu, surgem no Reino do Norte de Israel no século IX antes de Cristo. O Reino do Norte separou-se de Judá durante o reinado de Roboão, filho de Salomão, como resultado da contrariedade e do descontentamento reprimidos nas tribos do norte de Israel contra o custo cada vez mais alto das políticas opressivas de Salomão. Por estarem mais expostos às nações pagãs ao norte (Fenícia e Síria), o Reino do Norte de Israel cai mais rapidamente na idolatria e, em especial, nos cultos do deus cananeu Baal.

Elias. O nome de Elias resume o trabalho de sua vida. Ele significa "Javé é meu Deus". Sua missão é trazer Israel de volta somente para o culto de Javé como o Deus vivo e verdadeiro — e não Baal, o deus cananeu que a rainha Jezabel, a esposa fenícia do rei Acab, está promovendo. O primeiro ato de Elias é confrontar o rei Acab com o julgamento de Deus. Por causa dos pecados da nação, a terra sofrerá secas por três anos. No final desse tempo, Elias organiza uma grande disputa no Monte Carmelo, em que Javé e ele ficam de um lado contra todos os profetas de Baal do outro. 1 Reis 18–19 nos conta quem vence e o que acontece em seguida. Elias também vê as consequências sociais e econômicas negativas do culto de Baal. Ele denuncia Acab e Jezabel por seu tratamento ganancioso e assassino em relação a Nabot e declara que ambos morrerão sob o julgamento de Deus.

Eliseu. O nome de Eliseu também é significativo. Quer dizer "Deus salva". Ele é treinado como assistente de Elias, de quem depois assume a posição como o profeta de Deus, liderando um pequeno grupo de profetas em um ministério que se estende por quase meio século, atravessando os reinados de vários reis no Norte. Deus realiza muitos milagres por intermédio de Eliseu. Ele cura os doentes, alimenta os famintos, ressuscita os mortos e liberta toda uma cidade de um cerco. Jesus diz que João Batista é como Elias, porque chama as pessoas ao arrependimento. Assim como Eliseu segue Elias, também Jesus segue João. O nome de Jesus significa o mesmo: "Javé salva". Alguns dos milagres de Jesus fazem o povo se lembrar do profeta Eliseu.

Profetas do século VIII. Essa é a era da história de Israel em que alguns profetas verdadeiramente grandes surgem para trazer a mensagem de Deus. Podemos selecionar dois do Norte (Amós e Oseias) e dois do Sul (Isaías e Miqueias). Eles são enviados por Deus aos dois reinos durante tempos de relativa prosperidade e segurança: o reinado de Jeroboão II no Norte e dos reis que se seguem a Ozias no Sul (Jotan, Acás e Ezequias). Sob essa prosperidade, esses profetas veem um quadro muito diferente: a sociedade está apodrecida. As pessoas estão sofrendo. Deus está bravo.

Amós. Amós é, na verdade, de Judá, no sul, mas Deus o envia para pregar no norte. Ele começa condenando todas as nações estrangeiras vizinhas — uma boa maneira de obter a atenção e o aplauso das pessoas —, depois aperta o laço em torno do próprio Israel, o que deve ter sido chocante. Amós denuncia ferozmente as injustiças sociais que ele vê na riqueza de alguns. Defende os pobres explorados e os chama de "os justos" (querendo dizer aqueles com o direito do seu lado), e ataca a sociedade abastada e amante de luxos, especialmente na Samaria, como "os opressores". Essa é uma reversão muito surpreendente do entendimento religioso popular da época. As pessoas achavam então (como ainda o fazem em alguns lugares) que ser muito rico significava ser muito abençoado por Deus, independentemente de como as riquezas tenham sido obtidas. Ao mesmo tempo, Amós afirma que os rituais religiosos que são tão populares nos santuários de Betel e Gálgala, além de *não* serem agradáveis aos olhos de Deus como as pessoas pensam, de fato, fedem sob as narinas de Deus. A corrupção desenfreada da justiça e as trapaças comerciais que acontecem em praça pública são uma completa traição de tudo o que Deus fez por Israel em sua história e transformam seu culto almejado em uma zombaria e uma abominação.

Amós é o primeiro em uma longa linha de profetas a ter suas palavras lembradas e escritas em um livro que leva o seu nome. Por que isso aconteceu? Possivelmente porque suas palavras são tão chocantes e inesperadas, mas provavelmente também *porque elas se tornam realidade*. Sua ameaça de que Israel será destruído e o povo exilado pode ter parecido ridícula na ocasião (quando Israel era próspero e estável). Mas, cerca de vinte e cinco anos mais tarde, acontece exatamente como Deus havia advertido por intermédio de Amós.

Os assírios, o império mais poderoso da região na época, sitiaram e destruíram Samaria em 721 a.C. Os israelitas das dez tribos do norte foram, então, levados para o exílio e espalhados pelos territórios do Império Assírio. Povos estrangeiros de outras regiões foram trazidos para povoar a terra. A mistura de povos e os casamentos mistos que aconteceram produziram um tipo muito mesclado de comunidade naquela parte central da Palestina. Eles ficaram conhecidos como os samaritanos e foram desprezados pelo povo de Judá durante séculos, incluindo a época de Jesus.

Oseias. Oseias viveu mais ou menos na mesma época que Amós, talvez um pouco depois, e seu ministério foi dirigido principalmente ao Reino do Norte. A mensagem de Deus para ele vem na forma de uma experiência amarga. Deus lhe diz para se casar com uma prostituta chamada Gomer. Ela lhe é infiel e tem filhos que não são dele. Oseias vê em seu próprio casamento fracassado um retrato da dor que a infidelidade de Israel está causando a Deus. Ele representa a relação de aliança entre Javé e Israel como um casamento — rompido. Contudo, Deus então diz a Oseias para comprar sua ex-esposa que está na prostituição, trazê-la de volta e amá-la outra vez (imagine pagar para receber sua esposa infiel de volta das mãos de um cafetão). Por meio desse ato difícil de amor misericordioso, Deus simboliza sua própria fidelidade generosa a seu povo. Terá de haver um julgamento, mas, para além dele, existe a esperança de restauração e de uma nova relação de amor e gratidão.

Oseias nos mostra algo do caráter de Deus que muitas pessoas acham equivocadamente que está faltando no Antigo Testamento: sua ternura amorosa, seu desejo de perdoar e seu anseio por uma relação íntima com seu povo.

Isaías. Isaías é como um príncipe entre os profetas. O livro com seu nome é um dos grandes pontos altos da Bíblia. Ele pode ter vindo de uma família nobre, uma vez que parece ter fácil acesso à corte real em Jerusalém durante os reinados de vários reis de Judá na segunda metade do século VIII. Seu papel varia de conselheiro respeitado a crítico feroz.

Isaías tem uma visão grandiosa no templo da santidade e majestade de Deus. Por causa disso, ele se opõe fortemente a todas as formas de arrogância humana, seja entre a classe governante de seu próprio país ou na ostentação e nas provocações militares do Império Assírio.

A principal mensagem de Isaías é que Judá deve confiar em Javé, seu Deus, em meio às pressões internacionais e aos perigos da época e não se desgarrar para fazer alianças inúteis com outros países como o Egito ou a Assíria. O rei Acás rejeita esse conselho. O rei Ezequias o aceita. No prazo mais longo, Isaías prevê que a nação sofrerá o julgamento de Deus em derrota militar e exílio. Mas ele também vê, para além disso, uma era de bênção e salvação de Deus, quando Israel será restaurado. Haverá um novo filho de Davi que reinará com justiça e trará paz entre as nações e na natureza. Algumas dessas grandes profecias são retomadas no Novo Testamento e vistas como cumpridas no nascimento, na vida, na morte e na ressurreição de Jesus, o messias. Outras só serão cumpridas quando ele retornar para estabelecer seu reino e governar sobre todas as nações e toda a terra.

Miqueias. Miqueias foi outro profeta em Judá mais ou menos na mesma época que Isaías, e eles podem muito bem ter se conhecido. Eles compartilham a mesma paixão pela justiça, a mesma forte condenação daqueles que exploram gananciosamente os pobres e a mesma visão do reinado futuro de Deus sobre todas as nações. É Miqueias quem profere a frase já conhecida que apresenta este capítulo de nosso livro.

Profetas do século VII. O Império Assírio havia dominado toda a região do que hoje chamamos de Oriente Médio durante 150 anos. Mas, próximo ao fim do século VII a.C., esse império desmoronou e foi substituído pela Babilônia como o grande poder mundial na região. Isso introduziu décadas de grande turbulência no pequeno reino de Judá. O rei Josias, em seu zelo para trazer o povo de volta à lealdade a Javé, havia feito algumas reformas radicais para purificação, criando muito descontentamento e oposição no país. Quando o poder da Assíria declinou, houve uma explosão de fervor nacionalista em toda a região. Muitas pequenas nações, como Judá, lutaram pela independência depois de serem dominadas por tanto tempo pela Assíria. Mas, ao mesmo tempo, havia um grande medo, uma vez que uma nova ordem internacional estava sendo formada pela competição entre Egito e Babilônia pela supremacia regional. Ninguém sabia bem como as coisas iam ficar na arena internacional quando a antiga ordem do Império Assírio se desfez.

Jeremias. Nesse torvelinho de confusão religiosa, social e política, Deus envia um jovem chamado Jeremias. Ele cresceu em uma família de sacerdotes em Anatot, a poucos quilômetros de Jerusalém. Ele sabe (pelo contexto de sua família sacerdotal e pelas Escrituras da Torá) que tipo de fé e que tipo de vida devem caracterizar o povo da aliança de Deus. Mas o que ele vê (em visitas frequentes a Jerusalém) é que a vida das pessoas do alto até a base da sociedade é uma completa negação e uma caricatura dessa fé da aliança. Mostrando grande coragem e sofrendo impopularidade constante, Jeremias expõe os pecados terríveis de sua cultura com pregação e exemplos vívidos. Ele alerta o povo que o desastre os aguarda (e chora diante disso) e insiste repetidamente que eles se arrependam e mudem seu modo de vida para evitar esse resultado. Mas eles se recusam.

Depois da morte do rei Josias (a quem Jeremias admira e enaltece), Jeremias é odiado pelos reis que se seguem, especialmente o rei Joaquim (que queima um rolo inteiro onde estão registrados vinte e três anos de pregações de Jeremias). A mensagem de Jeremias proporciona ameaças à sua vida, castigos físicos e uma prisão quase fatal em uma cisterna lamacenta. Por causa desse sofrimento, ele despeja diante de Deus seus sentimentos de ira, revolta e tristeza, e estes são notavelmente preservados em seu livro. Provavelmente devemos o livro a seu escriba, Baruc, que produziu rolos das pregações de Jeremias (incluindo o que foi queimado, que ele tornou a escrever).

Após o cerco e a destruição de Jerusalém em 588-587 a.C. (que ele testemunha internamente), Jeremias é libertado pelos babilônios, mas depois é levado à força por um grupo de seu próprio povo que foge em busca de segurança para o Egito (contra o conselho de Jeremias; eles se recusam a ouvi-lo até o fim). Lá, acompanhado de seu fiel amigo Baruc, ele morre. Mas suas palavras sobrevivem, pois foram justificadas pelos eventos que se desenvolvem tão terrivelmente quanto ele havia previsto.

Embora Jeremias tenha sido o principal profeta de Judá no século VII, dois outros profetas dessa era foram Habacuc e Sofonias.

A MENSAGEM MAIS AMPLA

Esse grande período da história bíblica de Salomão até o exílio, com sua galeria de reis e profetas, tem muito a nos ensinar. Vejamos a seguir três reflexões sobre isso.

Javé, o Deus de Israel, está no controle soberano da história do mundo. Os profetas afirmam que Javé é Deus não só dos minúsculos reinos de Israel e Judá, mas de *todas* as nações *todo* o tempo. Isaías descreve a Assíria (a mais temível potência mundial de sua época) como nada mais do que um bastão na mão de Deus — um bastão que será descartado quando tiver servido ao propósito de Deus. Jeremias diz o mesmo sobre a Babilônia. Aqueles que organizaram os livros históricos de Josué a Reis o fizeram durante o exílio, quando Israel estava no cativeiro. No entanto, eles continuam expressando a mesma afirmação de fé: Javé fez isso. Deus ainda está no controle, como sempre esteve. Eles concordariam com o modo como o Apocalipse descreve Jesus: "Príncipe dos reis da terra" (Ap 1,5).

Deus exige justiça, e a política importa para Deus. Uma segunda verdade fundamental que permeia esse período é o *caráter e a exigência morais de Javé*. O Deus que age pela justiça no êxodo continua comprometido em mantê-la entre seu próprio povo. Deus não avalia apenas o comportamento individual, mas também a saúde moral da sociedade como um todo, de tratados internacionais a economias de mercado, de estratégia militar a procedimentos jurídicos locais, de política nacional à colheita local. Acima de tudo, Deus se preocupa com aqueles que são indefesos — viúvas, órfãos, os sem-terra e os sem-teto, imigrantes e refugiados. Nossa quinta frase de fato expressa um tema central dos livros proféticos.

Por essa razão, Deus considera aqueles que têm autoridade política e econômica em uma nação especialmente responsáveis por suas políticas e ações. Os livros históricos e proféticos estão repletos de política: políticas econômicas, estratégias militares, processos judiciais, gastos públicos, projetos de infraestrutura, impostos, diplomacia, relações internacionais e assim por diante. Tudo isso está sob o olhar de Deus por meio dos olhos e da boca de seus profetas. Se a Igreja quiser ser profética em qualquer sentido comparável, ela não pode deixar de trazer o ensino da palavra de Deus para um confronto incômodo com as realidades políticas e econômicas de nossos próprios contextos. E, como no caso dos profetas, é provável que não nos agradeçam por essa mensagem, e muito provável que soframos por isso.

Religião externa sem transformação ética é abominável para Deus. Uma terceira mensagem inequívoca dessa era é que Deus não quer culto entusiástico sem justiça social prática. Ou, como já foi dito, ritos sagrados não compensam injustiças sociais. Desde os dias de Samuel houve a consciência de que "obediência vale mais do que sacrifício" (1Sm 15,22). Mas é chocante quando Amós e Isaías dizem ao povo que Javé odeia e despreza o culto deles e que está farto dos próprios sacrifícios que o povo imagina que ele quer (Am 5,21-24; Is 1,11-16). Deus não será cultuado e não poderá ser conhecido sem o compromisso com o direito e a justiça, a fidelidade e o amor, as coisas que definem o caráter do próprio Deus e em que ele se compraz (Jr 9,23-24; 22,15-17).

Ou, voltando à nossa frase de abertura extraída de Miqueias, Deus não precisa de rituais suntuosos. O que ele de fato quer é justiça, compaixão e humildade. Jesus concorda. Os três elementos proeminentes da mensagem do Antigo Testamento no período da monarquia citados acima são encontrados no ensinamento de Jesus: Deus é rei sobre todos; a submissão ao reino de Deus significa mudança ética radical; e a obediência prática importa muito mais do que a observância religiosa. Nisso, como de tantas outras maneiras, Jesus retoma e amplifica a voz autêntica das Escrituras.

DE VOLTA À ALIANÇA

Deus envia seus profetas primordialmente para lembrar os israelitas da relação de aliança que existe entre eles e para apontar suas implicações. Os profetas estão lembrando, reforçando, explicando e aplicando o que as pessoas já deveriam saber com base em tudo o que Deus fez por elas e disse a elas no passado, especialmente nos grandes eventos do êxodo e do Monte Sinai que examinamos no capítulo 3.

Em termos simples, a aliança entre o senhor Deus e Israel envolve três coisas.

1. Há uma *história*. Deus agiu para redimir Israel libertando o seu povo da escravidão no Egito. Deus também o manteve seguro em sua peregrinação pelo deserto durante uma geração e, depois, trouxe-o para a terra que havia prometido. Deus fez muito pelos israelitas, em seu amor e sua graça. Essa é a base da lei na Torá e também a base da mensagem dos profetas.
2. Há um *compromisso*. Na aliança, Deus comprometeu-se a ser Deus de Israel, abençoá-los e protegê-los, e a fazer deles seu instrumento para trazer bênção para todas as nações. Por outro lado, Israel se comprometeu a obedecer à lei de Deus e viver como sociedade do modo como Deus queria, em última instância para o seu próprio bem e como um modelo para as nações. Esse *compromisso mútuo* está no centro da relação entre Deus e Israel no Antigo Testamento.
3. Há *sanções* (ou seja, promessas e advertências). Se Israel viver nos caminhos de Deus e obedecer à sua lei, os israelitas continuarão a desfrutar da bênção de Deus (não como uma questão de ganhá-la ou merecê-la, mas simplesmente de continuar no lugar de bênção para o qual Deus, em sua graça salvadora, os levou). Caso contrário, se eles se rebelarem, desobedecerem e forem atrás de outros deuses, se afastarão dessa bênção e experimentarão, em vez dela, a maldição de Deus. Em um mundo que já está sob a maldição de Deus desde a queda, Israel não será em nada diferente do restante das nações sob o julgamento de Deus.

Há alguns capítulos extensos em Levítico e Deuteronômio que abrangem todos esses três elementos. Eles mostram como a aliança de Deus inclui história, compromissos e sanções (promessas e advertências). Também proporcionam um pano de fundo muito significativo para o entendimento da mensagem dos profetas. A não ser que você adore a sua poltrona e tenha mais uma xícara bem grande de café, esses capítulos são longos demais para serem lidos agora. Mas faça planos de voltar a eles em algum momento. Eles são: Levítico 26; Deuteronômio 26; e Deuteronômio 28–30 (este último fica bastante sinistro no meio, mas há um final feliz em Dt 30).

Segue-se aqui pelo menos uma ideia do que eles contêm, condensada em uma passagem mais curta que destaca especialmente a história e os compromissos:

> Interroga, pois, as idades antigas, que te precederam, desde o dia em que Deus criou o homem sobre a terra: houve, acaso, de uma à outra extremidade do céu, algo de tão grande, ou se ouviu jamais coisa semelhante? Existe, porventura, um povo que tenha ouvido a voz de Deus, falando do meio do fogo, como tu ouviste, e tenha ficado com vida? Existe acaso um deus que tenha vindo buscar para si uma nação no meio de outra, por meio de provações de sinais, de prodígios e de combates, com mão forte e braço estendido, e por meio de grandes terrores, coisas que, para vós, sob os teus olhos, Javé, vosso Deus, realizou no Egito?
>
> A ti foi dado ver tudo isso, para que saibas que Javé é Deus e não existe nenhum outro. Do céu, fez ouvir a sua voz para te instruir, e, na terra, fez com que visses seu grande fogo, e, do meio do fogo, ouvisses as suas palavras. É porque ele amou os teus pais que ele escolheu, depois deles, a sua posteridade, e porque te tirou do Egito, manifestando a sua presença e o seu poder, para lançar fora da tua presença nações maiores e mais poderosas que tu, e te introduzir no seu país que ele te deu, em herança, como ainda hoje se vê.
>
> Sabe-o, pois, hoje, e medita-o no teu coração: Javé é Deus, lá no alto do céu, tão bem como aqui, embaixo, sobre a terra, e não há outro. Guarda a sua lei e os seus mandamentos que eu te ordenei, hoje, para teres, tu e os teus filhos, felicidade e longa vida sobre a terra que Javé, teu Deus, te dá para sempre. (Dt 4,32-40)

Com esse contexto, em suas múltiplas maneiras, os profetas, essencialmente, *lembram* Israel dessas coisas.

- *Eles lembram Israel de sua história.* Deus fez tanto por eles no passado. Mas eles estão se comportando agora de um modo que é totalmente ingrato e inconsistente. Eles estão desprezando e traindo a relação que Deus forjou com eles por meio de seu amor redentor e de sua fidelidade.
- *Eles lembram Israel de seus compromissos.* Israel prometeu obedecer a Deus, mas falhou totalmente nisso. Em todos os aspectos, apontados pelos profetas, eles romperam a aliança. Essa

é, com frequência, a parte mais implacável e chocante dos textos proféticos.

- *Eles lembram Israel das ameaças e das promessas de Deus.* A aliança é muito clara ao alertá-los das consequências da desobediência. A menos que eles mudem sua atitude, essas consequências acontecerão. As maldições da aliança cairão sobre eles. Assim, os profetas alertam as pessoas prevendo o desastre que está por vir.

Contudo os profetas podem ver além desse desastre. Eles sabem que o julgamento não será a palavra final de Deus. A destruição de Jerusalém não será o fim para o povo de Deus. A promessa de Deus a Abraão ainda se mantém, e Deus será sempre fiel a essa promessa — uma vez que a salvação do mundo todo depende dela. Os profetas também trazem uma mensagem de esperança para o futuro, mesmo diante do desastre. Eles têm boas-novas para compartilhar. Há evangelho no Antigo Testamento.

No entanto, para isso, precisamos nos voltar para o próximo capítulo.

Evangelho 6

> Quão belos sobre as montanhas são
> os pés do enviado alvissareiro.
> Isaías 52,7

Não há nada especialmente belo em pés.

Mas suponhamos que você estivesse esperando nas ruínas de uma cidade deteriorada durante duas vidas inteiras (vamos só imaginar), desesperado por qualquer fragmento de boa notícia, desejando qualquer lasca de esperança. Imagine que um dia seus olhos cansados vissem um corredor de longa distância vindo a passos rápidos pelas montanhas ao longe, trazendo (seu coração anseia por acreditar) boas notícias. Nesse caso, você abençoaria os pés que o trouxessem em sua direção e talvez até os beijasse quando ele finalmente chegasse e lhe dissesse, entre arfadas, que Deus venceu, que a salvação e a paz vieram, que "teu Deus reina!".

Esse é o cenário que Isaías 52,7-10 coloca diante de nossa imaginação. Esses versículos podem parecer familiares, uma vez que vários hinos e cantos cristãos foram baseados neles:

> Quão belos sobre as montanhas
> são os pés do enviado alvissareiro,
> o arauto da paz, trazendo felicidade,
> dizendo a Sião:
> "Teu Deus reina!".
> Escuta! Teus vigias elevam a voz,
> gritam alegres e juntos,

porque veem, olhos nos olhos,
Javé retornando a Sião!
Exultai todas juntas, com gritos de alegria,
ruínas de Jerusalém;
pois Javé consola seu povo,
ele resgata Jerusalém!
Javé desnudou seu braço santo
aos olhos de todas as nações;
todos os confins da terra verão
a salvação de nosso Deus!

Nossa frase do sexto capítulo abre essa sequência expressiva. Assim como um diretor de cinema nos convida a ver coisas pelo ângulo de sua câmera, somos colocados (em nossa imaginação) nas ruínas incendiadas de Jerusalém, vigiando, ansiando pelo dia em que Javé, que permitiu que Nabucodonosor destruísse a cidade e até mesmo o próprio templo de Deus em 587 a.C., retornasse para casa com seu povo. Duas gerações se passaram. *E então um mensageiro vem correndo pelas colinas orientais com notícias* — e são *boas-novas*. Deus está voltando. Os exilados estão voltando para casa. A história do propósito de Deus por intermédio de Israel para todas as nações até os confins da terra vai continuar.

A expressão "traz a boa-nova" é uma única palavra em hebraico e, na tradução grega do Antigo Testamento (conhecido como a Septuaginta), é traduzida pelo verbo *euangelizomai* (do qual derivamos "evangelizar"). Essa é uma palavra que encontramos com frequência no Novo Testamento, ao lado de seu substantivo, *euangelion* (em latim, *evangelium*), com o significado de proclamar *o evangelho* — a boa-nova de que Deus agiu em Jesus de Nazaré para realizar tudo o que os profetas prometeram. É exatamente assim que Paulo explica as Escrituras do Antigo Testamento na sinagoga em Antioquia da Pisídia. Aqui está o evangelho, diz ele. Esta é a boa-nova que estamos trazendo para vocês. "Nós também vos anunciamos a boa-nova, que a promessa feita a nossos pais [ou seja, por intermédio dos profetas] foi cumprida por Deus em favor de nós, seus filhos, ressuscitando Jesus" (At 13,32-33). Em outro ponto, Paulo de fato cita nossa sexta frase, referindo-se àqueles que levam a boa-nova para povos que ainda não a ouviram (Rm 10,15).

Neste capítulo, estamos pensando na antecipação do evangelho nos profetas do Antigo Testamento. Alguns deles trazem uma mensagem de incrível esperança e alegria, para todas as nações e para toda a criação. Suas palavras foram imensamente influentes para o modo como Paulo compreendia o que Deus havia realizado por intermédio de Jesus e por que a boa-nova tinha de ser compartilhada com pessoas de todas as outras nações (os pagãos), não só com os judeus. Isso gera as raízes na Escritura para a missão da Igreja voltada para as nações.

No entanto, como antes, temos de situar a mensagem no contexto da história. A boa-nova é realçada pelas más notícias no pano de fundo, as piores notícias, na verdade, em toda a história do Antigo Testamento. Só quando sentimos a dor e o desespero podemos ver a beleza e ouvir a alegria de nossa sexta frase.

EXÍLIO NA BABILÔNIA

Sinta o terror do trauma nacional de Israel — a destruição de Jerusalém em 587 a.C. e o início do exílio na Babilônia. Tente imaginar o sofrimento do povo de Jerusalém durante dezoito meses de cerco, fome e doença, terminando com os dias finais de destruição, saque e matança. Tente cambalear com os exilados para fora da cidade incendiada, gritando à vista do morticínio à sua volta, em meio às lanças torturantes dos soldados babilônios. Tente arrastar-se com eles, possivelmente acorrentados, por quilômetro após quilômetro no Crescente Fértil até a Mesopotâmia (o atual Iraque). Tente se assentar com eles como estrangeiro e cativo em uma terra estranha, deslocado, desprezado e desesperado. Como você se sente? Como você reage? Como você enfrenta isso tudo?

As pessoas reagem. O Antigo Testamento nos mostra que os israelitas reagem de diferentes maneiras ao que lhes aconteceu.

Alguns simplesmente voltaram as costas para Javé, seu Deus. Parece que ele foi impotente ou ausente quando mais precisavam dele. Eles acham que as coisas estavam melhores quando cultuavam outros deuses (justamente o que Jeremias disse que trouxe o julgamento sobre eles). Eles perdem a fé e retornam a práticas pagãs (Jr 44).

Outros aceitam que Javé de fato lhes trouxe o julgamento, mas respondem a essa percepção de variadas maneiras. No horror extremo do sofrimento de Jerusalém, alguns contestam que, mesmo que o castigo fosse merecido (o que eles aceitam), não teria sido excessivamente cruel? Como Deus pôde permitir que os babilônios cometessem tamanha atrocidade, especialmente contra mulheres e crianças? A poesia profundamente comovente de Lamentações se debate com isso, mesmo sem perder a fé de que Deus, no fim, não os abandonará. Alguns clamam por vingança contra seus inimigos, particularmente Edom e a Babilônia (Sl 136). Outros se queixam amargamente que, se esse é o julgamento de Deus, ele está injustamente infligindo a eles o que é na verdade culpa de seus pais. Eles (a geração do exílio) estão tendo de sofrer pelo pecado acumulado de seus ancestrais. Ezequiel tem de abordar essa distorção em Ezequiel 18; 33. Há alguma verdade nisso: Deus foi de fato paciente por séculos em relação aos pecados das gerações anteriores. Mas isso *não* significa que a geração do exílio seja *inocente*. Eles estão sofrendo o julgamento justo por seu próprio pecado. Eles estão arcando com as consequências de sua própria culpa.

E há alguns que aceitam que tudo isso é realmente um ato de Javé e que eles de fato o mereceram. Recusaram-se a ouvir suas advertências pela boca dos profetas, e agora seu braço caiu sobre eles. Essas pessoas estão totalmente arrasadas em espírito. Para elas, a destruição do templo e sua expulsão da terra só podem significar uma coisa: a aliança foi rompida e Deus os expulsou. Eles não veem esperança. Não há mais futuro para Israel. O fim chegou. É como se eles já fossem ossos secos em um túmulo, como Ezequiel os ouve dizer (Ez 37,11).

Para esse último grupo — aqueles que, ainda assim, clamam a Deus em seu desespero, suplicando por sua compaixão e sua graça restauradora (como em Sl 73) — haverá palavras de esperança, como veremos. Mas, primeiro, eles precisam *entender* claramente o que aconteceu e por quê. Essa é a tarefa dos profetas.

Deus dá esperança futura. O fato sobre o julgamento de Deus não é só que ele é *lógico* (dentro da aliança entre Deus e Israel), mas também que ele é *limitado*. Como Levítico 26 e Deuteronômio 28 deixam claro, Deus não só alertou seu povo sobre os perigos de se rebelar contra ele, mas também prometeu que para além do julgamento está a perspectiva de perdão e restauração. Toda a relação entre Deus e Israel era fundamentada na graça e continuará pela graça.

Por essa razão, muitos dos profetas trazem promessas de bênção futura, mesmo depois da mais aterrorizante pregação de julgamento. Às vezes, isso vem no fim do livro de um profeta (como no caso de Amós e Sofonias). Às vezes, é inserido em pontos-chaves intermediários (como

EZEQUIEL

Enquanto Jeremias estava ainda em Jerusalém e chegando ao fim de seu longo ministério profético quando Jerusalém caiu, outro profeta mais jovem estava na Babilônia com os exilados e apenas começando sua vida como profeta: Ezequiel. Dez anos antes da rebelião que levou à destruição de Jerusalém em 587 a.C., Nabucodonosor havia feito uma expedição punitiva contra a cidade e levado alguns de seus líderes para o exílio, entre eles o então rei Joaquim, de Judá. Entre esses primeiros exilados, em 597 a.C., havia um jovem sacerdote em treinamento, Ezequiel, então com 25 anos. Cinco anos depois, quando ele estava com 30 anos, e deveria estar entrando no sacerdócio em Jerusalém, Deus lhe aparece às margens de um rio na Babilônia e o chama para ser um profeta. Isso acontece cinco anos antes do ataque final de Nabucodonosor. Jerusalém ainda está em pé. Muitos desse primeiro lote de exilados são iludidos por falsos profetas a pensar que a cidade jamais cairá e que eles logo estarão no caminho de volta para casa. Ezequiel sabe que não será assim e tem a difícil tarefa de forçá-los a encarar a realidade: a cidade *cairá*, e muitos mais se juntarão a eles no exílio. O julgamento de Deus é agora inexorável.

A maioria dos profetas era composta de pessoas bastante incomuns, mas Ezequiel é o mais estranho de todos. Deus o deixa mudo, de tal modo que ele é incapaz de falar exceto palavras diretas de profecia. Isso dura cinco anos, até o dia em que ele recebe a notícia da queda de Jerusalém, prenunciada no dia anterior pela morte trágica de sua jovem esposa, lançando-o em uma dor que é, de alguma forma, inexprimível. Ele usa algumas ações muito bizarras para transmitir sua mensagem. Deita-se diariamente, por um ano e meio, "sitiando" um modelo de barro de Jerusalém e comendo rações mínimas para representar a realidade do cerco vindouro de Jerusalém. Raspa o cabelo com uma espada, depois queima uma parte, corta outra, lança a maior parte do que resta ao vento e guarda apenas alguns poucos fios, novamente simbolizando o destino do povo. Tem as visões mais impressionantes da glória de Deus. Mas, em uma delas, é transportado (em visão) de volta para o templo em Jerusalém e lhe são mostradas todas as idolatrias e iniquidades que estão acontecendo ali, tendo como resultado que a glória de Deus está *partindo* do templo e de Jerusalém. Para um sacerdote, isso deve ter parecido o fim do mundo. Alguns de seus discursos são chocantes. Lembre-se, ele não está engajado em diálogos polidos com acadêmicos. Está confrontando um povo que vem se recusando ferrenhamente a aceitar o que Deus lhe diz (a imagem da dureza do metal é precisa — Deus diz que eles têm frontes de bronze). Ezequiel usa algumas das imagens mais horrendas e abertamente pornográficas para forçá-los a sentir o que Deus sente quanto à ingratidão e infidelidade promíscua de seu povo da aliança.

> Depois que chega a notícia de que Jerusalém de fato caiu (o que justifica as mensagens tanto de Ezequiel como de Jeremias), a segunda metade do livro de Ezequiel (de Ez 33 em diante) tem um tom diferente. Ele traz palavras de conforto e esperança no longo prazo para o povo — como Jeremias fez.

em Oseias e Miqueias). Às vezes, é concentrado em um ponto dentro do livro, como nos exemplos a seguir.

Jeremias 30–33. Esses capítulos são conhecidos como o Livro da Consolação de Jeremias. Os dois primeiros capítulos são apresentados em forma de poesia. Eles prenunciam o julgamento à frente, mas prometem que ele não destruirá totalmente o povo. Embora nenhum de seus aliados vá ajudá-los, Deus acabará vindo em seu auxílio e restaurará sua sorte. Haverá uma grande mudança de direção, e toda a dor e todo o sofrimento serão transformados em alegria. Em Jeremias 31,31-34, Jeremias promete que Deus fará uma nova aliança com seu povo. Essa aliança terá muitas semelhanças com a aliança que foi feita depois do êxodo e que eles tão lamentavelmente romperam, mas incluirá um completo perdão de seus pecados. Jeremias 32 registra um incidente na vida de Jeremias que foi um notável ato de fé. Embora Jerusalém já esteja sitiada e Jeremias seja prisioneiro do rei Sedecias, e enquanto ele não tenha esposa nem filhos como herdeiros, ele compra um campo, provavelmente com os últimos siclos de prata que lhe restam. Esse é um sinal de garantia profética de que as pessoas retornarão às suas terras ancestrais muito depois da morte do próprio Jeremias. Em Jeremias 33, Jeremias promete em seguida uma restauração futura de Israel com um filho de Davi governando o povo em um ato de justiça.

Ezequiel 34–48. A segunda metade de Ezequiel contém capítulos extraordinários de esperança futura. Ezequiel prevê uma restauração do reino de Davi (Ez 34), a segurança da terra de Israel e a eliminação do pecado e da vergonha de Israel (Ez 36), uma ressurreição e uma reunificação nacionais (Ez 37), a destruição dos inimigos de Deus e do povo de Deus (Ez 38–39) e a restauração do culto de Deus em um templo renovado e uma reconstituição de todo o povo de Deus em uma distribuição estilizada da terra e a presença de Deus em sua cidade (Ez 40–48).

Isaías 40–55. De longe a visão mais gloriosa e continuada de esperança e bênção futuras vem nesses capítulos centrais do livro de Isaías. Eles são claramente dirigidos aos exilados, dando-lhes a garantia de que Deus agirá para lhes trazer a salvação. Deus derrotará a Babilônia pela mão de Ciro, o novo rei da Pérsia em ascensão, e então Ciro permitirá que os israelitas voltem para sua terra. É desses capítulos de boa-nova que nossa sexta frase do evangelho vem.

Se esses capítulos foram originalmente falados ou escritos pelo próprio Isaías, o profeta que viveu em Jerusalém no século VIII (muito antes do exílio babilônico), eles devem ter sido cuidadosamente preservados até o tempo em que puderam ser relevantes e revelados. Certamente eles contêm muitas expressões e alguns temas que são comuns em Isaías 1–39. Alguns preferem pensar que esses capítulos são a pregação de um profeta cujo nome não sabemos que trouxe esse encorajamento para os exilados próximo ao final de sua época na Babilônia. Esse profeta anônimo (se é que ele existiu) foi profundamente influenciado pela mensagem de Isaías, por isso suas profecias teriam sido anexadas a esse livro. Qualquer que seja a hipótese correta, é o *conteúdo* dessas Escrituras que importa mais do que a identidade de quem as escreveu originalmente.

Se você quiser ter acesso a um verdadeiro tônico espiritual (naquela poltrona com a xícara de café forte), reserve algum tempo para ler todo o trecho de Isaías 40–55 em uma única sentada. Veja alguns dos grandes temas que você conhecerá:

- Um novo futuro — O passado está para trás. O julgamento de Deus está completo e, agora, Deus está em ação para fazer algo novo. Será algo maior do que eles jamais viram. Preparem-se para Deus.

- Um novo êxodo — Deus os conduzirá para fora do cativeiro na Babilônia do mesmo modo como os conduziu para fora da escravidão no Egito. Esses capítulos contêm imagens ricas sobre uma nova viagem pelo deserto e mostram como Deus os proverá. A linguagem de redenção é forte.

- Uma nova revelação de Deus — Esse novo ato de Deus demonstrará que apenas Javé é verdadeiramente Deus, tanto criador do universo como soberano sobre a história. Apenas ele pode prever eventos e interpretá-los depois pelas palavras de seus profetas. Os deuses das nações, em contraste, são fracos e impotentes — na verdade, eles não são nada em comparação com o Deus vivo de Israel.

- Uma nova esperança para as nações — Como Israel, as outras nações estão sob o julgamento de Deus. Mas, também como Israel, elas da mesma forma podem se voltar para Deus e encontrar bênção e salvação. Isaías 40–55 traz uma explosão de cor para a promessa de Deus a Abraão. Esses capítulos mostram como a fé de Israel é, na verdade, universal.
- Um novo personagem para encarnar Israel — No meio do fracasso de Israel, Deus revela uma pessoa nova e misteriosa que encarnará a identidade deles e cumprirá sua missão: o Servo de Javé.

O SERVO DE JAVÉ

O povo de Israel é apresentado como servo de Deus, escolhido por Abraão para servir ao propósito de Deus (Is 41,8-9). Mas esse povo, lamentavelmente, falha e os israelitas acabam (no exílio) como um servo surdo, mudo e paralisado (Is 42,18-25). Deus, então, apresenta um novo personagem como "meu servo". Ele compartilhará a identidade de Israel e levará adiante a missão desse povo, como o agente da bênção de Deus para as nações. Quatro passagens em particular foram chamadas de Cânticos do Servo: Isaías 42,1-9; 49,1-6; 50,4-9; 52,13–53,12. Estas são algumas características dessa figura misteriosa:

- Ele será obediente a Deus da maneira como Israel deveria ter sido.
- Ele será repleto do Espírito de Deus.
- Ele executará a justiça de Deus entre as nações.
- Ele terá a missão de trazer Israel de volta para Deus e também de levar a salvação de Deus para os confins da terra como uma "luz para as nações".
- Ele será um mestre, aprendendo e transmitindo a palavra de Deus.
- Ele sofrerá injustamente e será morto.
- Sua morte será expiatória, ou seja, não será por seus próprios erros, mas pelos nossos.
- Depois da morte, ele triunfará e verá os frutos de seu sofrimento.
- Ele será exaltado para o lugar mais elevado.

Jesus foi profundamente influenciado por essas profecias. Ele vê sua própria vida, sua missão, sua morte e ressurreição como o cumprimento do papel do Servo de Javé. Os apóstolos verão, em seguida, que a missão do servo continua por intermédio da missão da Igreja para as nações pagãs (At 13,46-48).

TRÊS HORIZONTES

Passamos um bom tempo neste capítulo e no anterior refletindo sobre a mensagem dos profetas do Antigo Testamento. Às vezes, essa mensagem pode parecer um pouco confusa. Especialmente quando eles olham para o futuro que Deus lhes revelou, a que suas palavras se referem? Eu acho útil pensar em três principais horizontes possíveis de sua visão. Ou seja, quando os profetas lançam suas palavras no futuro, podemos vislumbrar três lugares em que as palavras aterrissam, três lugares em que essas palavras são relevantes ou cumpridas — ou ainda serão.

Horizonte um: a era do Antigo Testamento. Este é o horizonte do próprio tempo dos profetas, ou a era mais ampla do Antigo Testamento como um todo. A maior parte do que eles preveem acontece ou em seu próprio tempo ou em algum ponto dentro da história de Israel do Antigo Testamento.

Por exemplo, muitos profetas advertem que Deus enviará Israel, depois Judá, para o exílio, porque eles rompem persistentemente a aliança e se rebelam contra ele. Isso é cumprido, como vimos, no próprio período do Antigo Testamento, em 721 a.C. para o Reino do Norte de Israel e em 587 a.C. para o Reino do Sul de Judá. Essas profecias são cumpridas no horizonte um.

Alguns dos profetas também preveem que Deus trará os exilados de Judá de volta para sua terra. Ele colocará um fim ao seu exílio. A aliança será renovada e eles reconstruirão o templo. Essas profecias também são cumpridas no período do Antigo Testamento. Depois do édito de Ciro, rei da Pérsia, em 538 a.C., várias ondas de exilados retornam a Jerusalém e o templo é reconstruído em 515 a.C. Cumprimento no horizonte um.

No entanto, às vezes, vemos que uma previsão que é feita e cumprida no horizonte um também pode ser levada adiante e ter um cumprimento ainda mais significativo depois. Um bom exemplo é o sinal de Isaías para Acás em Isaías 7. Como é um sinal (algo que precisa ser significativo para Acás), temos de supor que uma criança de fato é concebida e nasce pouco depois e que o que Isaías prevê sobre a derrota dos inimigos de Israel de fato se realiza dentro de aproximadamente nove meses — tudo no horizonte um. Deus está de fato com eles ("Emanuel") e os liberta de seus inimigos. No entanto, também sabemos, claro, que Mateus encontra um nível ainda maior de cumprimento dessa profecia de Emanuel no nascimento de Jesus. Isso nos leva ao horizonte dois.

Horizonte dois: a era do Novo Testamento. Há algumas passagens nos profetas que falam em termos que sabemos agora que só poderiam vir a ser verdadeiros por intermédio de Jesus Cristo e do evangelho de salvação e por meio de sua morte e ressurreição. Às vezes, isso é chamado de profecia messiânica, embora a palavra *messias* (ungido) propriamente dita não ocorra com frequência. Os profetas não apenas falam sobre uma *pessoa* que virá como descrevem coisas que só podem ser perfeitamente verdadeiras por intermédio de Jesus. Por exemplo, quando Jeremias fala de Deus fazendo uma nova aliança (Jr 31,31-33), muito do que ele diz é *similar em princípio* à aliança do Sinai. Mas, quando ele diz que parte dessa nova relação incluirá o total perdão dos pecados, sabemos que isso só é realizado por Jesus Cristo. De modo semelhante, quando Isaías fala do servo de Javé, há várias coisas ditas sobre o servo que também são ditas sobre Israel (escolhido e amado por Deus, dado como uma luz para as nações). Contudo, quando Isaías fala de como o servo carregará os pecados de muitos e morrerá vicariamente por nós (Is 53), só podemos ver essas palavras totalmente encarnadas no Senhor Jesus. Assim, precisamos estar alertas para um possível horizonte de evangelho nas palavras dos profetas. Por favor, entenda que isso não significa que precisamos "encontrar Jesus" em cada versículo dos profetas (ou do Antigo Testamento em geral). O que isso significa é que devemos estar conscientes de que esses textos são todos parte de uma grande jornada histórica e bíblica que leva até Cristo.

Horizonte três: a nova criação. Há momentos em que os profetas falam de um futuro que é descrito em termos que vão muito além de qualquer coisa que tenhamos experimentado no passado ou no presente. Por exemplo, sabemos que os profetas falam de Deus julgando Israel e também outras nações estrangeiras. Mas, às vezes, eles descrevem o julgamento de Deus incluindo toda a terra e todas as nações em uma destruição cataclísmica de tudo o que é iníquo e mau (por exemplo, Is 24). Tal visão universal nos leva para o horizonte último da segunda vinda de Cristo e para o julgamento final.

Felizmente, porém, os profetas, com mais frequência, têm essas visões de longo prazo em relação à bênção futura de Deus. Suas palavras sobre o mundo do futuro são repletas de imensa alegria e muito entusiasmo. Nós nos vemos imaginando um mundo em que tudo é perfeito. A natureza é plena de abundância. A própria terra rejubila-se em seu criador. A vida humana é segura e plena e livre de violência, injustiça, fome e perigo. Guerra e violência não mais existem. As pessoas e os animais vivem em harmonia e paz. As pessoas nunca mais se afastam de Deus em desobediência. As pessoas do mundo inteiro e de todas as nações rejeitam seus falsos deuses e voltam-se para o Deus vivo e o cultuam com alegria e com presentes (por exemplo, Is 25,6-9; 35; 65,17-25; Jr 32,37-41; 33,6-9; Jl 3,17-18).

Esse tipo de visão certamente não é cumprido no horizonte um. Os israelitas *retornam* para sua terra (como veremos mais adiante). Mas ainda são pecadores e estão longe de ser perfeitos — como os livros de Neemias, Esdras e Malaquias mostram. E quanto ao horizonte dois? Bem, claro que sabemos que Cristo realizou a redenção do mundo em sua morte e por meio de sua ressurreição, mas ainda não vimos o cumprimento de tudo o que os profetas descrevem, um mundo de perfeita paz e justiça. Temos de levar essas passagens para o horizonte três final — ou o horizonte escatológico, para usar o termo técnico.

Por horizonte três, estou me referindo ao quadro da nova criação que vemos em Apocalipse 21–22. Toda a cena nesses capítulos ecoa muito deliberadamente vários dos temas dos profetas (o livro de Apocalipse inteiro é recheado de alusões ao Antigo Testamento). Leia Isaías 60 e 65,17-25 e, logo em seguida, leia Apocalipse 21–22, e você entenderá o que eu quero dizer. Veja no quadro a seguir algumas comparações:

	Isaías	Apocalipse
Novos céu e terra	65,17a	21,1
Coisas anteriores que não haverá mais	65,17b	21,4
Não mais choro e lágrimas	65,19b	21,4
Não mais morte	65,20 (precoce)	21,4 (nenhuma)
Jerusalém, cidade de Deus, alegria e júbilo	65,16b-19a	21,2
Deus presente com e para seu povo	65,24	21,3

Não mais efeitos da maldição	65,22-23	22,3
Sem mais sol, porque Deus será a luz	60,19-20	21,23; 22,5
As nações trazem seus presentes e sua glória para a cidade de Deus	60,5-6.9	21,24-27

A visão última dos profetas só será cumprida quando Cristo retornar e a terra for purificada e renovada para ser a morada de Deus conosco. Há algumas passagens nos profetas que parecem incluir os três horizontes, e isso pode ser confuso a princípio. Mas lembremo-nos de que os profetas estão olhando para um futuro que, até onde eles podem ver, é uma única visão. Eles não sabem (e não poderiam saber) que séculos se passarão antes que o horizonte dois aconteça, e mais outros séculos desconhecidos antes que o horizonte três venha (ele ainda está à frente). *Nós*, com a nossa perspectiva, podemos ver agora que as palavras deles se estenderam por um longo período. *Eles* encaravam as coisas e viam as situações próximas e distantes como se fossem todas elas parte de um único grande cenário.

ISAÍAS 52,7-10

A passagem de onde vem nossa frase do capítulo, Isaías 52,7-10, é um exemplo muito bom de todos os três horizontes. Dê uma olhada nela. Basicamente, esse texto é uma boa-nova. É isso que o mensageiro que vem correndo com belos pés anuncia. Esse é o evangelho do Antigo Testamento. É boa-nova em todos os três horizontes.

Boa-nova para os exilados: horizonte um. As palavras do mensageiro servem para encorajar os exilados a fim de que se preparem para voltar a sua casa em Jerusalém. Javé venceu (Deus reina), e Deus já está retornando à sua cidade e levando-os com ele. Como no êxodo, Deus está redimindo seu povo. Eles podem se alegrar e voltar para casa. De fato, isso acontece. A profecia é cumprida no horizonte um.

Boa-nova em Cristo: horizonte dois. Há três aspectos da boa-nova nesses versículos que também são verdadeiros em Jesus Cristo. Isaías 52,7 fala do Deus que *reina*. Isaías 52,8 fala do Deus que *retorna*. Isaías 52,9 fala do Deus que *redime*. Tudo isso é verdade em Cristo e no evangelho. Ele prega o reino de Deus. Ele vai para o templo (ao qual Deus prometeu retornar). Ele é o redentor e salvador, por sua morte e ressurreição. *Jesus* é Deus reinando, Deus retornando e Deus redimindo. Jesus acrescenta um nível de cumprimento às palavras do mensageiro no horizonte dois do evangelho.

Boa-nova para o mundo: horizonte três. Em Isaías 52,10, o profeta se transporta para o palco mundial, para "todas as nações" e "todos os confins da terra". Essa é a promessa abraâmica outra vez. Por meio da missão da Igreja, o evangelho da salvação de nosso Deus está de fato indo para os confins da terra. A visão última da profecia está no horizonte três. Ela será finalmente cumprida quando o Senhor Jesus Cristo retornar para reinar sobre toda a terra e redimir seu povo, de todas as tribos, todos os povos e falantes de todas as línguas.

O plano de Deus para as nações. Através de todos esses horizontes, há uma dimensão missionária na visão de esperança dos profetas para o futuro. Eles veem que, como a promessa de Deus para Abraão sempre prenunciava a bênção de Deus se estendendo para todas as nações (como vimos no capítulo 2), deverá chegar um dia em que as pessoas de outras nações além de Israel serão reunidas como parte do povo da aliança de Deus.

Isso é exatamente o que o apóstolo Paulo entende que tinha de acontecer quando o messias Jesus veio e cumpriu a salvação prometida de Deus por meio de sua morte e sua ressurreição. No clímax de Romanos, quando ele se prepara para usar a Igreja em Roma como sua base para o trabalho missionário mais a oeste na Espanha, ele diz: "Eu vos afirmo, pois, que Cristo se fez servo dos circuncidados como prova de que Deus é fiel em cumprir as promessas feitas aos antepassados. *E as nações pagãs glorificam a Deus por sua misericórdia* como está escrito" (Rm 15,8-9; meu itálico). E ele imediatamente corrobora esse ponto com quatro citações do Antigo Testamento. É para esse caminho que a história tem de ir — para as nações —, e Paulo a levará até elas. A missão apostólica tem suas raízes no Antigo Testamento.

Não sabemos quais outros textos das Escrituras Paulo deve ter usado para explicar seu compromisso missionário de levar a boa-nova para os pagãos, mas talvez alguns como estes, que prenunciam pessoas de muitas nações sendo registradas na cidade de Deus (Sl 86,3-6); vindo para prestar culto a Deus (Sl 85,8); sendo abençoadas com a salvação de Deus, mesmo tendo sido inimigas anteriormente (Is 19,20-25); sendo chamadas pelo nome de Deus (Am 9,11-12); e unindo-se ao povo de Deus em Sião (Zc 2,14-15)[1].

---

1. Comentei o tópico de Deus, Israel e das nações de um modo muito mais extenso em WRIGHT, Christopher J. H., *The Mission of God: Unlocking the Bible's Grand Narrative* (Downers Grove, IL: InterVarsity Press, 2006), cap. 14.

RETORNO DO EXÍLIO

Temos que voltar, no entanto, dessas visões sublimes do futuro para a realidade enfrentada pelos exilados que retornaram nos séculos finais do Antigo Testamento.

Como Jeremias havia dito, o império da Babilônia durou cerca de setenta anos. Ciro, rei da Pérsia, derrotou a Babilônia e deu início a uma nova era que duraria outros duzentos anos, o Império Persa. O primeiro ato de Ciro foi um édito em 538 a.c. que permitia que os povos cativos (povos deslocados pelos assírios e babilônios) retornassem às suas terras nativas e levassem seus deuses consigo. Os israelitas, claro, acreditavam que Deus havia elevado Ciro exatamente com esse propósito e para benefício deles (Is 44,24–45,6). O texto de seu édito, no que se aplica aos israelitas, aparece em 2 Crônicas 36,23 (ver também Esd 1,1-4): "Assim fala Ciro, rei da Pérsia: 'Javé, o Deus do céu, deu-me todos os reinos da terra, e ele mesmo me ordenou de lhe construir uma Casa em Jerusalém, que está em Judá. Quem, dentre vós, é de seu povo? Que Javé, seu Deus, esteja com ele e que ele suba'".

Muitos dos judeus na Babilônia (claro que nem todos) de fato fazem a viagem de volta em várias etapas ao longo de vários anos. Eles não voltam, no entanto, para estabelecer um novo estado independente de Israel. Tornam-se simplesmente uma pequena comunidade dentro de um canto de uma das províncias do Império Persa.

Os exilados que retornam enfrentam uma situação complicada. A terra foi negligenciada por quase duas gerações. A cidade de Jerusalém ainda é um esqueleto carbonizado sem nenhuma muralha protetora. O templo não existe mais. Eles enfrentam colheitas ruins e problemas renovados de dívidas e impostos. Para completar, enfrentam desconfiança e oposição da mistura de povos na parte norte do território que os perturbam com ameaças e calúnias políticas contra eles para as autoridades persas. Em resumo, provavelmente a situação não se parece muito com a retórica poética grandiosa de Isaías 40–55.

Os profetas pós-exílicos. Para esse cenário deprimente Deus manda vários outros profetas, os últimos daqueles que trazem a palavra de Deus para seu povo no período do Antigo Testamento.

Ageu. A mensagem de Ageu serve para encorajar as pessoas em um tempo de dor e depressão. Ele começa criticando-as por não terem completado o trabalho de reconstrução do templo (suas próprias casas parecem ter recebido prioridade mais alta) e insiste para que terminem o trabalho. As pessoas de fato o ouvem e fazem o que ele diz. (Talvez ele tenha se surpreendido com isso — não é algo que tenha acontecido com a maioria dos profetas.) O templo (que é conhecido pelos historiadores como o segundo templo) foi completado e reconsagrado em 515 a.C.

Zacarias. Mais ou menos na mesma época de Ageu (final do século VI a.C.), Zacarias também prega para encorajar as pessoas. Suas mensagens são fortemente pictóricas e simbólicas, mas seu teor geral é que Deus restaurará Jerusalém (Sião) e destruirá os inimigos de seu povo. Zacarias representa Deus enviando seu verdadeiro rei para Sião, mas ele virá montado em uma burrinho. Sem dúvida, Jesus tinha essa profecia de Zacarias em mente quando entrou em Jerusalém uma semana antes de sua morte.

Malaquias. Posteriormente a Ageu e Zacarias, provavelmente no meio do século V a.C., Malaquias vê que os sacerdotes e o povo se tornaram muito displicentes em seu serviço a Deus. Eles pareciam sentir que Deus não se importava o suficiente a ponto de ajudá-los, então, por que eles deveriam se incomodar e sacrificar o melhor que tinham para ele? Tal atitude é roubar de Deus, diz Malaquias. Ele os adverte a mudar seu comportamento antes que o próprio Deus venha até eles. Deus dará avisos suficientes desse dia — enviará Elias antes que o próprio Deus chegue. Esse dia ainda estava a mais de quatrocentos anos de distância quando Malaquias fez essa promessa. Mas é essa última profecia de Malaquias (e de todo o Antigo Testamento) que João Batista repete, insistindo que as pessoas se arrependam e se preparem para a chegada de Deus. Quando Jesus disse aos seus discípulos que João Batista *era* esse Elias que deveria vir, a verdadeira pergunta imediatamente foi: "Quem, então, é Jesus?".

Esdras e Neemias. Outra geração passa. A Pérsia continua sendo o império mundial. O templo foi reconstruído, mas o povo de Judá ainda vive em circunstâncias difíceis. Jerusalém está parcialmente em ruínas e sem muralhas. Isso é sentido como um desrespeito ao Deus das pessoas que cultuam ali. As pessoas são cercadas por uma população não israelita, e o perigo de misturar práticas religiosas e perder a identidade é grande. Há necessidade de uma extensa reconstrução não só das muralhas físicas de Jerusalém, como também da fé e da lealdade à aliança entre o povo.

Dois homens se propõem ao desafio em sua própria geração em meados do século V (ou seja, por volta de 450 a.C.), Neemias e Esdras. Ambos subiram a uma alta posição na hierarquia do serviço administrativo persa e vivem entre os judeus que ainda moram na Mesopotâmia. Mas, em momentos diferentes, ambos recebem permissão oficial para ir a Jerusalém com a autoridade do rei a fim de organizar as questões sociais, econômicas e religiosas lá.

A grande realização de Neemias é reconstruir as muralhas de Jerusalém em pouco tempo e diante de forte oposição dos povos vizinhos. Ele reúne o povo para essa tarefa, mas também os conclama a se unir para uma renovação de sua aliança com Deus depois que descobre que alguns dos velhos problemas de dívidas e pobreza estão fraturando a nação outra vez. Ele proporciona às pessoas um senso renovado de identidade e unidade, ainda que elas formem uma comunidade muito pequena. Obtém sucesso, mas também se lembra de que suas maiores reformas acabaram sendo facilmente negligenciadas.

Esdras era sacerdote e especialista na lei de Moisés. Nessa época, o Pentateuco (a Torá, ou os cinco primeiros livros da Bíblia) provavelmente já tinha a forma que tem hoje. Somos informados de que ele se dedica intensamente a estudar, praticar e ensinar a lei do Senhor, seu Deus, o que é um epitáfio maravilhoso para qualquer um. Ele organiza uma grande cerimônia que se estende por uma semana, em que lê a palavra de Deus para o povo reunido, enquanto alguns outros sacerdotes treinados vão explicando. Ele se preocupa com homens israelitas que se casaram com mulheres estrangeiras — não simplesmente por serem estrangeiras (não é uma questão racial), mas pelo perigo de trazerem práticas idólatras para a vida familiar de Israel. A solução que ele encontra é que esses homens se divorciem de suas esposas estrangeiras. Se essa é a coisa certa, ou a única coisa a fazer, isso não fica explícito no texto, mas indica a seriedade com que ele deseja preservar a pureza da fé de Israel.

À ESPERA DE DEUS

Assim, o período coberto pela história narrativa e profética do Antigo Testamento chega ao fim. Outros quatro séculos se passam antes da vinda do messias Jesus. Durante esses anos, o povo de Israel atravessa tempos muito diversos; às vezes, em paz dentro de um império maior, mas, outras vezes, também enfrentando períodos de intensa perseguição. A perseguição acontece especialmente quando o Império Persa é derrotado por Alexandre, o Grande, e Judá se torna parte dos impérios gregos subsequentes, e depois durante o Império Romano.

Duas características se destacam nesse chamado período intertestamentário. Uma é que o povo de Judá, depois de Esdras, tornou-se mais comprometido com o livro da lei. Ou seja, eles se tornaram uma comunidade apoiada e fundada nas Escrituras e sua vida passou a girar cada vez mais em torno das exigências e das esperanças da Lei e dos Profetas. Havia especialistas na lei (escribas e rabinos) e, mais tarde, toda uma comunidade de pessoas que procuravam viver em perfeita obediência a todas as leis de Deus; essas pessoas ficaram conhecidas como fariseus. A motivação por trás desses movimentos era positiva: se Deus punisse Israel por desobediência à sua lei, e se Israel quisesse ficar em bons termos com Deus outra vez e evitar uma repetição desse julgamento, teria de se esforçar para que todos vivessem de acordo com a lei. O resultado, no entanto, foi criar um sistema religioso que se tornou facilmente sobrecarregado de novas regras e salvaguardas — o sistema que Jesus desafiou, a sua custa.

A outra característica do período foi um desejo intensificado de intervenção de Deus. Quando a perseguição aumentava, e quando a iniquidade e a opressão de nações pagãs que governavam os povos passavam de mal a pior, parecia-lhes que sua única esperança era que Deus agisse direta e decisivamente para trazer o seu próprio reino. Era como se o exílio nunca tivesse de fato terminado, embora eles estivessem de volta à sua própria terra — de volta à terra, mas não livres ainda de impérios cruéis. Deus precisava vir. Deus precisava enviar o seu prometido. Deus precisava estabelecer o seu reino. Deus precisava libertar Israel e derrotar seus inimigos. Deus precisava pôr um fim na injustiça e no sofrimento.

Essas eram as esperanças e os desejos do povo quando o filho de um carpinteiro de Nazaré começou a pregar: "Completou-se o tempo. Chegou o Reino de Deus. Convertei-vos e crede no Evangelho!" (Mc 1,15).

Salmos e Sabedoria 7

> O Senhor é o meu pastor.
> SALMO 22,1

Nossa sétima e última frase é, possivelmente, a mais conhecida imagem em palavras de todo o Antigo Testamento. O Salmo 22 (ou Salmo 23 em outras traduções da Bíblia) inspirou muitos hinos e cânticos, alguns dos quais ainda são regularmente entoados em ocasiões de grande propósito e confiança no cuidado e na proteção de Deus. Ele encontra seu lugar na esperança e na alegria de casamentos. Rezamos essas palavras também junto ao leito de pessoas queridas doentes ou próximas da morte. Para aqueles a quem resta voz para cantar, o Salmo 22 acende uma vela de confiança em meio à dor de um funeral, quando nos agarramos à certeza do versículo final:

> Só felicidade e graça
> toda a vida hão de seguir-me;
> minha casa é a do Senhor
> pelo resto dos meus dias!

E com razão. Pois esse de fato é um cântico, um poema, composto (de acordo com a tradição) pelo homem que havia sido ele próprio um pastor quando menino e sabia como cuidar das necessidades de suas ovelhas. Fala do cuidado, da proteção, da provisão e da orientação de Deus a seu povo, um de muitos desses cantos no livro de Salmos. Esse livro, que é posicionado no centro de nossas Bíblias, tem muitos outros humores em sua rica coleção de cantos de culto de Israel. Não podemos compreender o Antigo Testamento sem dar atenção ao livro de Salmos.

O livro de Salmos entra na terceira seção principal do Antigo Testamento, de acordo com a ordem do cânon hebraico: os Escritos (os livros que vêm depois da Lei e dos Profetas). O outro grupo de livros nos Escritos é conhecido como a literatura Sapiencial — ou seja, Provérbios, Jó e Eclesiastes. Neste capítulo, examinaremos brevemente os Salmos e a Sabedoria.

OS SALMOS

O livro de Salmos é a coleção organizada dos cânticos de culto do Israel do Antigo Testamento, dispostos em cinco livros[1]. Como os hinos e cantos em nossas coleções cristãs, esses salmos têm vários autores diferentes e surgem de muitas circunstâncias diferentes. Juntos, eles expressam toda a fé de Israel (que era, claro, a fé de nosso Senhor Jesus Cristo e a nossa fé de hoje), como ela era vivida nas alegrias e nas angústias, nos assombros e nas lutas da vida cotidiana.

A poesia. Os Salmos, como nossos hinos e cantos de culto, foram escritos em poesia. A poesia hebraica não usa rimas como boa parte de nossa poesia contemporânea usa. A preferência é por um tipo de padrão rítmico de ênfases repetidas (como três batidas no compasso, depois mais três, e assim por diante). Uma característica muito comum da poesia hebraica, conhecida como paralelismo, é o artifício de dizer mais ou menos a mesma coisa duas vezes (em linhas paralelas, uma depois da outra), mas com pequenas variações para não soar repetitivo. Os compositores hebreus usavam essa técnica de paralelismo como forma de ampliar e enfatizar o que estavam dizendo e cantando, dando-lhe mais profundidade. A grande vantagem é que, ao contrário da rima, que é muito difícil de reproduzir em tradução, o paralelismo é bastante fácil

---

1. Parte do material neste capítulo é condensada e adaptada de *How To Preach and Teach the Old Testament For All It's Worth* (Grand Rapids: Zondervan, 2016), também publicado como *Sweeter than Honey: Preaching the Old Testament* (Carlisle, UK: Langham Preaching Resources, 2016), caps. 13-15. Usado com autorização.

de reconhecer mesmo na tradução, como você pode ver só de olhar os Salmos em sua própria Bíblia.

Há vários tipos diferentes de paralelismo. Vejamos a seguir alguns exemplos.

Paralelismo por repetição. O salmista faz uma declaração e depois a repete, usando palavras ligeiramente diferentes e expandindo o âmbito do que está sendo dito. Essencialmente, o autor está fazendo uma única declaração principal, embora a estenda por duas ou mais linhas. Precisamos juntar as peças para obter o sentido completo.

> Cantam os céus a glória do Senhor,
> o firmamento, a obra de seus dedos.
> Proclama um dia ao outro a sua nova,
> sopra uma noite à outra o seu segredo. (Sl 18,2-3)

Nesse exemplo, os céus e o firmamento não estão cantando duas coisas diferentes. Não, a glória de Deus é vista em toda a obra das mãos de Deus. Estas não fazem uma coisa de dia e outra coisa diferente à noite. Não, o universo revela a verdade sobre Deus *todo o tempo*. O salmista poderia ter simplesmente escrito "a criação revela constantemente a glória de Deus", mas o poeta hebreu lhe dá profundidade e ritmo estereofônicos por seu uso de paralelismo. Essa é, provavelmente, a forma mais comum de paralelismo. Aqui está mais um exemplo:

> Não queiras irritar-se contra os maus,
> nem invejes também os desonestos.
> Pois murcharão depressa como a relva,
> como a erva do prado, hão de secar. (Sl 36,1-2)

Paralelismo por contraste. Às vezes, a segunda linha reforça a primeira linha negando o oposto. O contraste torna o argumento mais forte:

> Deste-lhe [ao rei] o que sonhou seu coração,
> não negaste o pedido dos seus lábios. (Sl 20,3)

> Pois guardei os caminhos do Senhor,
> não me afastei de Deus por minhas falhas. (Sl 17,22)

> Pois tu salvas, Senhor, o povo humilde,
> mas rebaixas os olhos dos soberbos. (Sl 17,28)

Paralelismo por suplementação. Às vezes, uma segunda ou terceira linha desenvolve a primeira, acrescentando mais conteúdo significativo. As linhas paralelas não estão simplesmente repetindo a primeira linha, mas completando-a substancialmente ou acrescentando uma nova dimensão a ela. Estes são alguns exemplos:

> Sim, bendize o Senhor, ó minha alma, não esqueças nenhum de seus favores!
> Pois perdoou as tuas culpas todas,
> de toda enfermidade te curou.
> Salvou da sepultura a tua vida,
> cercou-te de carinho e compaixão. (Sl 102,2-4)

> Pois é reta a palavra do Senhor,
> e tudo o que ele fez é verdadeiro.
> Ele ama a justiça e a retidão,
> da graça do Senhor enche-se a terra. (Sl 32,4-5)

Essas várias formas de paralelismo também são encontradas em outras partes poéticas da Bíblia, como no livro de Provérbios e em muitas das mensagens dos profetas.

As metáforas. Como os profetas, os salmistas também gostam de usar imagens mentais e comparações vívidas. Muitas vezes, uma única imagem consegue estimular a imaginação. Uma metáfora forte pode ser mais poderosa do que mil palavras. Vejamos o Salmo 22. Davi poderia ter escrito muitas palavras sobre como Deus cuidava dele, o guiava, o protegia nos apuros e atendia às suas necessidades. Em vez disso, ele olhou para as ovelhas de que estava cuidando e disse apenas duas palavras (em hebraico): "O Senhor é o meu pastor". Com essa imagem simples, Davi cria todo um mundo em nossa imaginação (e nos dá nossa sétima frase).

Essa declaração é, claro, uma metáfora. Ela usa uma realidade (a vida e o trabalho de um pastor com seu rebanho) para descrever outra realidade (o modo como Deus cuida de seu povo). A segunda dessas realidades é aquilo de que o poeta está de fato falando (o *alvo* da metáfora). A primeira é a que ele usa para a comparação (a *fonte* da metáfora). Os Salmos estão repletos de metáforas como essa.

Algumas metáforas são imagens para nos ajudar a imaginar Deus. Deus é uma rocha, um escudo, uma fortaleza, uma torre fortificada, um leão que ruge, o condutor de um carro, um arqueiro, uma luz, um pai, um rei, um construtor, um pastor. Deus é representado com olhos, orelhas, mãos, pés e uma voz muito grave. Claro que Deus não é, *literalmente*, nada disso. Mas cada uma dessas imagens é uma metáfora que fala de maneira poderosa e imaginativa sobre Deus. Elas transmitem verdade de um modo que descrições abstratas não podem fazer.

Algumas metáforas representam diferentes experiências humanas. Os salmistas falam de afundar na lama ou ser arrastado em uma enchente. Eles se sentem cercados por animais selvagens ou presos ao chão. Podem se comparar a um odre de vinho ressecado na fumaça ou a um verme na terra. Ou podem brincar como bezerros ou erguer seus chifres como se fossem um touro campeão. Podem estar em pé sobre uma rocha ou escondidos sob as asas de uma grande ave. Podem florescer como uma palmeira ou pisar sobre leões e cobras. Tudo isso, claro, são imagens que falam de diferentes tipos de experiências.

Precisamos deixar essas ricas metáforas poéticas fazerem seu trabalho em nossa mente e em nossa imaginação. Devemos perguntar: "O que elas estão nos dizendo sobre Deus ou sobre a vida?". Mas não devemos reduzi-las a uma declaração factual pura e simples. Deixemos que elas voem (metaforicamente falando).

As emoções. A gama de experiências e sentimentos no livro de Salmos é imensa. Abra os Salmos praticamente em qualquer ponto e logo você se deparará com exemplos de tudo isto: alegria e felicidade, gratidão e ação de graças, espanto e assombro, dor e tristeza, raiva e amargura, remorso e lamento, questionamento intrigado, anseio, agonia, esperança, confiança e alívio.

Algumas emoções surgem de uma ampla variedade de experiências e situações em que as pessoas podem se encontrar. Os salmistas podem falar de diferentes maneiras sobre experiências como estas: estar sozinho; estar com outros; ser acusado falsamente; estar em perigo ou aflição sérios; estar gravemente doente, até mesmo perto da morte; sofrer perda ou ferimento; ser resgatado de perigo; sentir-se culpado por ter feito algo pecaminoso; estar agradecido pelos dons ou pelas ações de

Deus; viajar para cultuar a Deus em Jerusalém; ir para a batalha; voltar da batalha; dar testemunho em culto público; ver sua cidade e seu templo destruídos; ir para o exílio e ansiar por voltar a seu lar.

Originalmente, claro, esses cantos foram escritos por pessoas e direcionados a Deus. Eles são palavras *humanas* faladas (em sua maioria) *para Deus*. No entanto, agora nós as lemos na Bíblia e, portanto, elas funcionam como *palavras de Deus para nós*. Os Salmos se tornaram parte da mensagem de Deus para nós, não só palavras humanas para Deus. Acho que é assim graças ao modo como o próprio Deus está tão profundamente envolvido nas experiências e nas emoções que preenchem os Salmos. Deus estava ali presente nessas situações que os salmistas enfrentavam. Quando, mais tarde, os Salmos foram reunidos para gerações posteriores de israelitas cantarem, reconheceu-se que *Deus poderia continuar a falar* com seu povo indefinidamente por meio das palavras dos autores originais e das circunstâncias que eles enfrentaram. Da mesma forma, ao lermos e cantarmos esses cantos, *Deus também fala* a todos nós quando encontramos situações similares e temos emoções semelhantes.

A variedade. Como os hinos e os cantos que nós entoamos, há diversos tipos de salmos adequados para diferentes ocasiões. Vejamos a seguir algumas das várias categorias.

Hinos de louvor[2]. O salmo mais curto (Sl 116) nos dá um exemplo perfeito dos principais elementos desses hinos de louvor.

> Oh, louvai o Senhor, todos os povos;
> festejai o Senhor, países todos!
> Pois forte é o seu amor para conosco,
> sua fidelidade é para sempre!

A estrutura habitual é:

1. *Um chamamento ao louvor*. Este pode ser curto ou expandido, ou às vezes apenas pressuposto.
2. *A razão para o louvor*. Com frequência, esta é introduzida pela palavra "pois". Todos os tipos de razões são oferecidos em hi-

---

2. Entre os hinos de louvor estão os Salmos 8; 32; 46; 64–65; 99; 102–103; 110; 112; 116; 144–150.

nos de louvor, mas geralmente eles descrevem como Deus é (sua grandeza, seu caráter, sua fidelidade etc.) ou declaram o que Deus fez (seus grandes atos na criação e na redenção, ou ambos).

3. *Um novo chamamento ao louvor.* Este também pode ser curto (apenas um rápido "Aleluia" para concluir) ou mais estendido e reflexivo. Às vezes, pode levar a uma intimação à confiança em Deus, pelas mesmas razões pelas quais fomos chamados a louvá-lo.

O Salmo 32 é um bom exemplo. Ele começa com um chamamento ao louvor (Sl 32,1-3) e termina com uma afirmação de confiança e esperança (Sl 32,20-22). No meio, dá as razões para o louvor e as bases para a esperança. Esse é um hino de louvor clássico.

Ação de graças[3]. A ação de graças também é parte do louvor, claro, mas concentra-se em algo específico que Deus tenha feito na experiência do autor do salmo ou para o povo que ele quer que cante junto a ele. A maioria dos salmos de ação de graças foi escrita por indivíduos referindo-se a algum ato de Deus pelo qual estavam agradecidos. Pode ser por terem sido salvos de inimigos ou de uma doença ou da morte, pela vitória em batalhas, ou pelo perdão de pecados. Alguns são ações de graças comunitárias, quando todo o povo agradece a Deus por uma boa colheita ou por ter se libertado de inimigos (por exemplo, Sl 64; 123).

Cantos de lamento e protesto. Salmos de lamento também têm uma estrutura típica, que é mais ou menos assim:

Deus, estou sofrendo muito aqui.

Deus, todos estão contra mim, ou rindo de mim. É horrível e não é justo.

Deus, você não está fazendo nada para me ajudar neste momento, e eu preciso desesperadamente que faça.

Por favor, quanto tempo isso vai continuar? Terei de esperar para sempre?

Mas, Deus, ainda confio em você e continuarei a louvá-lo, seja como for.

---

3. Entre os salmos de ação de graças estão os Salmos 17; 29; 31; 33; 39; 65; 91; 115; 117; 137.

Esse último elemento é encontrado na maioria dos salmos de lamento. Há uma mudança do sofrimento e da dor do lamento para alguma expressão de esperança, confiança ou a expectativa de libertação e louvor renovado. Ocasionalmente, porém, o lamento vai até o fim do salmo e o salmista parece não encontrar nenhum alívio. Isso acontece no Salmo 87, que talvez seja o mais sombrio de todos os salmos de lamento — de fato, ele termina em escuridão. Tenho certeza de que ele fala para muitos, ao longo dos séculos, que não encontraram um fim para seus sofrimentos, pelo menos nesta vida.

Cerca de dois terços dos Salmos incluem algum lamento, e alguns são praticamente só lamento. Esses são cantos de protesto, cantos de agonia, cantos de sofrimento e dor. Muitos deles são lamentos individuais, enquanto outros são lamentos comunitários entoados por todo o povo em momentos de terrível aflição[4].

Eis um pequeno fato surpreendente. O título do livro inteiro em hebraico é "Os Louvores". No entanto, o maior grupo de "louvores" é, na verdade, de *lamentos*. Isso pode parecer contraditório para nós, mas é porque costumamos pensar em louvor apenas como algo que fazemos quando nos sentimos felizes e animados. Mas, para Israel, louvor era algo muito mais profundo do que isso. O louvor poderia acontecer mesmo nos momentos mais tenebrosos — na verdade, especialmente nesses momentos mais tenebrosos.

Para Israel, louvar a Deus significava *reconhecer a realidade e a presença de Deus*. Louvar significava afirmar que o Senhor Deus de Israel é o único Deus vivo e verdadeiro. O louvor descrevia o *caráter* de Deus e declarava os *atos* de Deus. Louvar é se curvar na presença de Deus (quaisquer que fossem as circunstâncias) e afirmar "Deus está vivo, e Deus está aqui, e Deus disse isto e fez aquilo".

Então, de um modo crucial, louvar significava trazer toda a vida para a presença de Deus dessa mesma maneira. Não só as partes boas da vida pelas quais queremos dizer "muito obrigado", mas também todas as partes difíceis e desconcertantes da vida, sobre as quais queremos gritar:

---

4. Lamentos individuais incluem os Salmos 3; 6; 12; 21; 30; 38; 41; 56; 70; 72; 87; 141. Lamentos comunitários incluem os Salmos 43; 73; 79; 90; 93; 136.

"O que está acontecendo aqui?". Os salmistas traziam a si mesmos por inteiro para tudo o que sabiam sobre Deus. Quando a vida era dolorosa, ou insuportável, ou simplesmente além de sua compreensão, eles expressavam tudo isso para Deus e clamavam por ele. Note que eles se lamentavam *para* Deus. Eles não se lamentavam *sobre* Deus para outras pessoas, como fazemos com tanta frequência com nossas queixas. Não, eles traziam tudo para a presença de Deus e ficavam ali em pé, ou ajoelhados, chorando, meditando, esperando.

Acho que perdemos algo no culto cristão pelo fato de quase nunca nos permitirmos, ou não permitirmos aos outros, fazer isso. Ignoramos os salmos de lamento. Em vez disso, tentamos fingir que todos estão ou deveriam estar felizes. Nós até deixamos implícito (ou de fato dizemos) que, se você não estiver feliz e contente em seu culto, há algo errado com você ou com sua fé. Não incentivamos nem permitimos que as pessoas sejam *sinceras* no culto e verdadeiramente se conectem com Deus em meio às suas dificuldades. Os Salmos fazem exatamente isso, e nós também deveríamos fazer.

Há vários outros tipos de salmos no livro, como, por exemplo, estes:

- salmos de Sião (sobre Jerusalém e seu templo como o centro de culto de Israel, e também descrevendo Sião como simbólico do próprio povo de Deus)[5];
- salmos de peregrinação (cantados pelos que estão indo cultuar em Jerusalém)[6];
- salmos de realeza (sobre os reis da linhagem de Davi, ou às vezes também celebrando o reinado de Javé, o Deus de Israel, sobre toda a terra)[7].

A mensagem. Agora que entendemos a natureza do livro, podemos perguntar: para que ele está ali? O que os Salmos *fazem* na mente e na

---

5. Os salmos de Sião incluem os Salmos 45; 47; 75; 83; 86; 121; 124.

6. No livro de Salmos, eles são chamados de Cânticos das Subidas, porque as pessoas precisavam literalmente subir para Jerusalém, que ficava em uma colina. Incluem os Salmos 119-133.

7. Os salmos de realeza incluem os Salmos 2; 17; 19-20; 44; 71; 88; 100; 109; 131. Os Salmos do reinado de Javé incluem os Salmos 95-98.

vida do povo de Deus? Os Salmos faziam por Israel o que ainda podem fazer por nós como cristãos dentro do contexto de todos os cantos e das liturgias adicionais de nosso culto. O culto que faz uso regularmente dos recursos dos Salmos produz pelo menos três coisas: gera e fortalece a fé, nos incita a pensar sobre o modo como vivemos no mundo e nos inspira com esperança (é por isso que, falando por mim, eu lamento tanto a negligência quase total dos Salmos em muitas igrejas cristãs hoje).

Fé. O livro dos Salmos é uma afirmação notável de todos os grandes contornos da fé bíblica: sobre Deus, criação, pecado, salvação, povo de Deus, santidade pessoal e comunitária e esperança futura para o mundo e as nações. Você se lembra dos sete atos do drama da Escritura que examinamos na introdução? Há Salmos que se conectam de alguma forma com cada um deles:

- Há louvor a Deus como criador e expressão de alegria com a criação.
- As realidades do pecado e do mal são expostas em cores nítidas.
- As promessas de Deus para Israel são celebradas e sua história do Antigo Testamento é lembrada com alegria ou lamento.
- A vinda do reino de Deus na pessoa de Jesus é prenunciada em alguns dos salmos de realeza, em que a linguagem sobre o rei davídico vai além da realidade histórica do Antigo Testamento.
- Alguns salmos veem a boa-nova do nome e da salvação de Deus indo para todas as nações em toda a terra — uma visão que inspirou a missão da Igreja do Novo Testamento aos pagãos e ainda nos inspira hoje.
- Alguns salmos anseiam avidamente pelo dia em que todos os povos e toda a criação se alegrarão no julgamento justo e na salvação de Deus.

Os Salmos não são apenas uma declaração da fé do povo de Deus. Eles também servem para fortalecer e manter a fé em tempos difíceis. Muitos salmos são evocações para confiar em Deus apesar do grande sofrimento, ou encorajamento para esperar que Deus faça o que prometeu, em confiança de que ele o fará, mesmo que pareça estar demorando muito: "Quanto tempo, ó, Senhor?". Não deixe de confiar. Alguns dos salmos são muito dolorosos porque expressam esse anseio de que Deus atue, que faça com que as pessoas más parem de fazer essas coisas más e que resgate aqueles que estão sofrendo. Eles podem não parecer muito relevantes para cristãos que vivem em conforto e liberdade, mas são muito preciosos e profundamente significativos para cristãos que vivem sob perseguição ou em meio a guerras, destruição e perda. Podemos rezar esses salmos por eles.

Esperança. Muitos salmos expressam tal anseio e esperança num âmbito individual. Mas também há alguns salmos que afirmam uma esperança ainda mais ampla: a visão universal de todas as nações em toda a terra conhecendo e cultuando o Deus vivo e se alegrando em sua salvação. Este é apenas um exemplo:

> Virão *todos os povos* que criaste
> adorar-te, Senhor, cantar teu nome. (Sl 85,9; meu itálico)

Há muitos outros. Você consegue sentir a onda de esperança e expectativa para todo o mundo de Deus pulsando nesses versículos? Salmos 21,28; 46,2; 66,4-6; 71,17; 95,1-3.10-13; 101,16; 116,1-2; 137,4-5. Eles não preenchem todo um vasto horizonte de imaginação de fé? Muitas vezes, eu me pergunto o que passaria pela cabeça dos israelitas ao cantar essas palavras. Como eles imaginavam que tais coisas poderiam vir a acontecer?

No entanto, os israelitas que escreveram e cantaram esses cânticos *tinham* a imaginação para acreditar que Deus, de alguma forma, um dia faria a visão se tornar realidade. Paulo refere-se a isso como o mistério escondido desde a origem dos tempos (Cl 1,26). Ou seja, os israelitas do Antigo Testamento acreditavam que Deus um dia cumpriria sua promessa para Abraão (que é ecoada em vários salmos) de modo que as pessoas de todas as nações seriam tão abençoadas por Deus que passariam a cultuá-lo. Mas o mistério, que os israelitas não saberiam desvendar, era *como* Deus faria isso. Agora, claro, nós sabemos. Pois, como diz Paulo, o mistério agora foi revelado *pelo evangelho* (Ef 2,11–3,6). É *pelo Senhor Jesus Cristo* que o caminho foi aberto para as pessoas de todas as nações virem a Deus. Paulo cita o Salmo 116 entre vários textos do Antigo Testamento que celebram antecipadamente a expansão missionária da Igreja entre as nações pagãs (Rm 15,11). Os Salmos prenunciam essa grande visão e a esperança e nos chamam a acreditar que ela se realizará.

Vida. O Salmo 1 foi claramente colocado nessa posição como um prefácio para todo o livro dos Salmos. Ele nos alerta, antes de mergulharmos nos cânticos que se seguem, que cultuar não significa apenas cantarmos bem, mas vivermos bem.

A pessoa justa ama e medita "a lei do Senhor" (Sl 1,2)[8]. Essas duas palavras (*ama* e *medita*) não significam que o salmista estava envolvido em alguma atividade meramente emocional ou intelectual. Essa pessoa *amava* a lei de Deus e estava *vivendo* a lei de Deus — colocando-a em prática. Esse salmo, logo no início de todo o livro, oferece uma bênção para aqueles que vivem sua fé em Deus seguindo as instruções de Deus. Esse é o único tipo de pessoa que pode cultuar a Deus de um modo aceitável (como os Sl 14; 23 explicam melhor).

Além disso, claramente essa pessoa "abençoada" não vê a lei como um fardo rígido e pesado de exigências que devem ser seguidas, no âmbito legal, ao pé da letra. Ela *ama* a Torá. Sua vida é fecunda por causa da lei. Esse não é um código de escravidão religiosa, mas uma receita de liberdade responsável e alegria por viver a vida na presença do Deus vivo. Os Salmos 18; 118 expressam essa mesma ideia repetidamente: aquele que vive sua vida em alegre obediência aos caminhos de Deus encontra todo tipo de benefício por intermédio da bênção de Deus.

Mesmo nos salmos que estão simplesmente louvando a Deus, há lições para a vida. Para Israel, o caráter do Senhor, seu Deus, era sua melhor pista para mostrar como Deus queria que eles vivessem a própria vida. Sempre que eles cantavam cânticos louvando o Senhor porque ele é fiel, confiável, sincero, justo, compassivo, amoroso, atento ou provedor, a implicação não dita, mas muito poderosa, era "*é assim* que *nós* também devemos ser". O culto nos motiva a ser como aquele a quem cultuamos. O culto, se refletirmos as grandes verdades dos Salmos, nos dá um modelo para a vida.

---

8. A palavra "medita" aqui não se refere apenas a um pensamento interior silencioso (como significa para nós). Em hebraico, geralmente significa ler em voz alta (a sós ou em companhia), ou recitar as palavras da Escritura, repetidamente. É um engajamento ativo com o texto, mastigando-o, por assim dizer.

Quando as pessoas de Israel cultuavam a Deus regularmente usando os Salmos, elas estavam aprendendo o tempo todo. Não só aprendendo na mente, mas *aprendendo para a vida*. Muitos salmos oferecem reflexões sobre a vida, sabedoria para tempos difíceis, bons conselhos para viver de uma forma que agrada a Deus. Acima de tudo, eles dão incentivo constante para continuar confiando em Deus e seguindo pelos caminhos de Deus, mesmo quando os caminhos dos ímpios parecem mais atraentes. Às vezes, esses são chamados de salmos de sabedoria, porque são similares, em alguns aspectos, ao que encontramos na literatura Sapiencial[9].

Assim, finalmente, nós nos voltamos para esses livros em que as lições para a vida estão reunidas.

LIVROS DE SABEDORIA

Um dia, um grupo de pessoas ficou tão furioso com o que o profeta Jeremias dizia à nação que decidiu se livrar dele de uma vez por todas. O raciocínio deles é revelador. Resumindo, o que eles dizem é: "Um profeta a menos não vai fazer nenhuma diferença. Continuaremos a ter todo o ensinamento e a pregação de que precisamos". Isto é exatamente o que eles falam: "Vinde! Atentemos contra Jeremias, porque não faltará instrução ao *sacerdote*, nem conselho ao *sábio*, nem palavra ao *profeta*" (Jr 18,18; meus itálicos).

Eles claramente reconhecem três grupos do que poderíamos chamar de profissionais na comunidade: os especialistas na lei (sacerdotes), os que trazem a palavra direta de Deus (profetas) e um terceiro grupo, "os sábios". Essa era uma classe de pessoas, bem conhecida também em outras nações vizinhas ao Israel do Antigo Testamento, renomada por seu conhecimento e sua sabedoria. As pessoas consultavam os sábios em busca de conselhos sobre questões grandes e pequenas — assuntos de Estado, ou disciplina familiar. Alguns eram conselheiros do governo. Talvez nossa palavra moderna para eles pudesse ser *consultores* (embora

---

9. Exemplos desses salmos de sabedoria, ou salmos de ensinamento, são os Salmos 35–36; 48; 72; 111; 126–127; 132.

eles provavelmente recebessem mais respeito do que os chamados consultores tendem a ter em nossa cultura).

Assim, além dos livros da Lei (a Torá) e dos livros dos Profetas, temos livros em nosso Antigo Testamento que vieram dessa comunidade. Eles estão na terceira seção do cânon hebraico, os Escritos, que também inclui o livro de Salmos. Três livros são considerados literatura sapiencial: Provérbios, Jó e Eclesiastes.

Uma voz distintiva. Precisamos ler esses livros sabendo que estamos ouvindo um tipo diferente de voz em relação aos outros textos. Estas são algumas das diferenças entre os livros de Sabedoria e outras partes do Antigo Testamento.

Não são leis. As leis bíblicas costumam ser curtas e imperativas. Elas lhe dizem o que você deve fazer, ou não deve fazer, e às vezes estabelecem uma penalidade por descumpri-las. A voz da Sabedoria defende as mesmas coisas, mas com frequência mais em um tom de conversa. Com um braço sobre seus ombros, ela o convida a refletir sobre as consequências de certos comportamentos, a pensar duas vezes nas companhias que você escolhe e a evitar se envolver com homens de caráter duvidoso ou mulheres sedutoras, ou ambos.

Por exemplo, compare as leis sobre adultério em Êxodo 20,14, Levítico 20,10 e Deuteronômio 22,22 com os conselhos e as advertências em Provérbios 5; 6,20-25. O estilo é muito diferente. As leis são objetivas e diretas. "Não faça isso! A penalidade é a morte se você o fizer". É uma ordem direta de Deus, corroborada por uma penalidade jurídica severa. Os provérbios não são tanto uma ordem, mas uma advertência forte corroborada pela indicação de alguns dos resultados desastrosos: "Isso vai arruinar você e sua família. Você tem muito a perder com isso. Pense melhor!".

Além desses conselhos longos, o livro de Provérbios contém centenas de declarações mais breves. É importante lembrar que *provérbios não são leis*. Eles não são ordens absolutas, ou regras, ou previsões do que sempre vai acontecer. São declarações curtas e concisas sobre todos os tipos de situações na vida. Oferecem percepções e perspectivas e orientações, não regras definitivas. Dizem-nos que certos tipos de comportamento geralmente produzirão bons resultados, e os tipos opostos de comportamento geralmente produzirão maus resultados. Pessoas sábias escolhem os primeiros. Pessoas tolas escolhem os segundos. Os resultados *geralmente* se seguem. Mas não podemos transformar essas observações gerais em leis inalteráveis ou em promessas garantidas. A vida é mais complicada do que isso. As coisas nem sempre funcionam do jeito que os provérbios afirmam tão simplesmente. Os autores sapienciais sabiam disso, e é por essa razão que temos os livros de Eclesiastes e Jó.

Não são profetas. Quando os profetas do Antigo Testamento falam de questões da vida, da sociedade, da política, de economia e religião, eles têm uma atitude forte de confronto. Dirigem-se às pessoas diretamente; às vezes, citando nomes. Centram-se em questões muito particulares de seu próprio contexto histórico, muitas vezes com palavras de condenação específica de pessoas e práticas que desdenham da lei de Deus. Conclamam as pessoas a responder — a se arrepender e mudar seu comportamento.

Os autores sapienciais são muito mais genéricos no que dizem sobre a vida pública. Eles afirmam princípios e expectativas, expondo os ideais de bom governo e atividade econômica saudável em termos gerais. Leia, por exemplo, o Provérbio 8,12-16 (veja também Pr 16,10.12-13; 20,8, 26; 25,2-5; 31,1-9).

> Eu, a Sabedoria, tenho senso,
> e possuo a ciência da perspicácia.
> O temor de Javé é odiar o mal.
> Odeio o orgulho como a arrogância,
> a má conduta e a boca perversa.
> A mim o conselho e o bom senso;
> a mim o entendimento e o poderio.
> Através de mim reinam os reis,
> e os príncipes decretam a justiça.
> Por mim governam os dirigentes
> e os grandes julgam a terra. (Pr 8,12-16)

Também neste caso, não há nenhum conflito, em princípio, entre os profetas e os sábios, mas há um tom de voz diferente. Provérbios descrevem o que deve ser, enquanto os profetas descrevem o que de fato é — a situação aqui e agora, por assim dizer. Precisamos das duas perspectivas. Não se pode criticar o modo como as coisas são a menos que se tenha uma visão de como elas deveriam ser. A Bíblia nos mostra ambos os lados.

Não é história. Como vimos em capítulos anteriores, tanto a Lei como os Profetas apontam para a história passada de Israel. Eles lembram Israel do êxodo. Lembram Israel da aliança. Dizem a Israel que, por causa de sua história, eles deveriam saber como viver de uma maneira que esteja de acordo com o que Deus tão generosamente fez por eles. Dê uma olhada nestas leis; todas elas usam a história de redenção (o êxodo) como motivação para fazer o que Deus manda em relação aos pobres e oprimidos: Êxodo 23,9; Levítico 19,33-36; 25,39-43; Deuteronômio 15,12-15; 24,14-22. Como um exemplo, vejamos a primeira na lista: "Não oprimirás o estrangeiro. Vós sabeis o que sente um estrangeiro, pois também fostes estrangeiros na terra do Egito" (Ex 23,9).

Os autores sapienciais, em contraste, não fazem referência à história de Israel. Eles não fazem nenhum uso explícito das grandes tradições históricas da fé de Israel — a promessa a Abraão, o êxodo, Moisés, a aliança do Sinai, a peregrinação no deserto, a conquista da terra e assim por diante. Eles não se referem a essa história de redenção que conhecemos tão bem dos primeiros livros da Bíblia. *No entanto, eles certamente conheciam essas grandes tradições* — eles eram israelitas. Preocupam-se tanto quanto a Lei e os Profetas com questões éticas como ajudar os pobres e os necessitados.

Como eles motivam suas exortações? Voltando ainda mais para trás, *para a própria criação.* Eles sabem que o mesmo Deus que foi o redentor de Israel é também o criador do mundo e de todas as nações. Eles sabem que todos os seres humanos são igualmente criados à imagem de Deus. Reconhecem que Deus é moralmente coerente, portanto os padrões de Deus devem se aplicar a todas as pessoas. Eles veem que há princípios morais que fazem parte da própria criação. Há modos de viver que são bons para as pessoas em qualquer lugar, e outros modos de viver que serão prejudiciais para a vida humana em toda parte. Em outras palavras, enquanto a Lei e os Profetas voltam-se para *Israel em particular como o povo redimido de Deus,* a literatura sapiencial tem um interesse humano mais universal. Estes são alguns exemplos desse interesse criacionista mais amplo: Provérbios 14,31; 17,5; 19,17; 22,2; 29,7.13. Como mais um exemplo, vejamos Jó 31,13-15.

> Se desprezei o direito do meu servo ou da minha serva,
> quando comigo eles litigavam,
> que farei quando Deus se levantar?
> Que responderei quando inquirir-me?
> Quem me formou no útero
> não os formou também?
> Um mesmo Deus nos formou.

Essa é uma percepção e uma afirmação notáveis — que um mestre e um escravo são seres humanos, ambos nascidos de mães humanas, ambos feitos e formados pelo único Deus criador. Essa observação de uma qualidade criada é singular em comparação com as leis e os costumes referentes a escravos dos povos em torno de Israel.

O interesse criacionista se encaixa muito bem no que vimos em capítulos anteriores sobre o papel de Israel nos planos de Deus para o mundo inteiro. Deus criou Israel desde o início para ser o meio de abençoar as nações. Deus lhes deu sua lei em parte para moldá-los como um exemplo para as nações. O ensinamento que encontramos na lei do Antigo Testamento poderia ser usado como um exemplo ou um paradigma para outros. É isso que os autores sapienciais fazem. Eles veem os princípios gerais incorporados na história e nas leis de Israel e os transformam em conselhos, orientação, provérbios e imagens que possam ser entendidos e levados a sério por todos.

Uma voz positiva. O livro de Provérbios é um compêndio amplamente positivo e otimista de sabedoria e conselhos. Põe diante de nós os ideais de uma vida que é vivida de uma maneira que é sábia, piedosa e justa. Ou seja, ele une aspectos que nós às vezes separamos — os planos intelectual, religioso e ético da vida. Duas equações de caráter oposto, conectando essas três dimensões, percorrem o livro todo como fios contrastantes:

Sábio = piedoso = justo
Tolo = ímpio = mau

Isso, por sua vez, deixa claro que sabedoria e tolice, como descrições de seres humanos, não são apenas qualidades intelectuais, que têm a ver com ser muito instruído ou academicamente brilhante, ou apenas simplório e obtuso. Ao contrário, pessoas muito inteligentes podem fazer coisas muito tolas e más. Em Provérbios, sabedoria e tolice são categorias *morais e espirituais* que refletem como vivemos em relação a Deus e aos caminhos de Deus.

O livro repete, como uma espécie de mote: "O temor de Javé é o princípio da sabedoria"[10]. Isso significa que colocar Deus em primeiro lugar como aquele a quem amamos, cultuamos, em quem confiamos e a quem obedecemos é não só o *início* da vida sábia (algo que se pode deixar para trás quando se cresce), mas continua sendo o *primeiro princípio* da vida sensata e ética — um princípio orientador para a totalidade da vida.

Por essa perspectiva, o livro de Provérbios examina muitas áreas da vida e oferece princípios para a vida boa e bem-sucedida: em relacionamentos entre marido e esposa, pais e filhos, no mundo do trabalho e dos negócios, na vida social e política, nas realidades econômicas de riqueza e pobreza, no uso de nossa língua (para o bem e para o mal), em nossas amizades, no comer e beber e assim por diante. A mensagem geral é: confie em Deus e viva assim e as coisas sairão (ou deverão sair) bem para você e sua família. Esse é um bom conselho. É assim que a vida funciona melhor.

Na maior parte do tempo.

Uma voz questionadora. Mas não todo o tempo. Na verdade, para algumas pessoas, a vida nunca, ou quase nunca, funciona do jeito que deveria funcionar pela sabedoria convencional. Os autores sapienciais sabem disso perfeitamente bem. É por isso que temos não só o livro de Provérbios como também os livros de equilíbrio e contraste de Jó e Eclesiastes.

O livro de Jó se depara com o problema do sofrimento de pessoas boas que não parecem merecê-lo. É um drama brilhantemente escrito em que vemos um homem que é tão íntegro quanto é possível ser (tanto

---

10. Se este livro se chamasse *O Antigo Testamento em oito frases*, eu teria feito desta o meu capítulo final.

o narrador como o próprio Deus o dizem; Jó 1,1.8; 2,3) sofrer as piores calamidades que podem ser imaginadas (perda de propriedade, família e saúde — um desastre atrás do outro). Os discursos de seus amigos examinam todas as possíveis razões para seu sofrimento, especialmente a razão teológica de que ele deve estar sofrendo por causa de pecados que tenha cometido. Isto, afinal, é o que a Bíblia diz: os pecadores sofrerão, então Jó deve ter pecado terrivelmente.

Mas eles estão completamente enganados. Sabemos disso (porque lemos os capítulos iniciais do livro de Jó), Deus sabe disso e Jó sabe disso. Mesmo assim, ele sofre. O pior de tudo não é apenas seu sofrimento, mas o *silêncio de Deus*. Jó não consegue se comunicar com Deus para apresentar seu caso e ser justificado. No fim, quando Deus fala, Deus não dá a resposta para o problema do sofrimento (como nós todos gostaríamos que ele fizesse). Em vez disso, Deus restaura sua relação com Jó e, com efeito, lhe pede para confiar no Deus que é maior do que podemos nem sequer começar a imaginar, o Deus que, em última instância, controla as próprias forças do mal que nós não compreendemos. Nesses grandes discursos no final do livro, Deus parece estar dizendo: "Se você não sabe e não pode imaginar como eu criei e administro este mundo físico que você vê em toda a sua volta, não pense que pode entender meu governo do universo moral. Meus caminhos estão além do seu entendimento, mas você pode confiar em mim!".

O livro de Eclesiastes lida com a questão da aparente futilidade da vida. O autor sabe que a vida é cheia de boas coisas — comida e bebida, trabalho, casamento, família e assim por diante — e que essas coisas são de fato boas dádivas de Deus pelas quais devemos nos rejubilar. Mas, com muita frequência, até mesmo as melhores coisas da vida acabam destruídas ou desperdiçadas, ou vão para as pessoas erradas. No fim, a morte parece, de qualquer forma, tornar tudo isso sem sentido. O autor sabe que é melhor ser sábio do que tolo, mas, depois que se morre, o que isso importa? Um sábio morto é a mesma coisa que um tolo morto, e ambos estão tão mortos quanto um cachorro morto. Qual é a diferença, no fim? É tudo sem sentido, frustrante, inútil, enigmático e desconcertante (estas são algumas das nuances da palavra hebraica que costumava ser traduzida como "vaidade").

O autor de Eclesiastes não era ateu. Na verdade, ele afirma repetidamente que Deus está no controle do mundo, e ele continua confiando em Deus e dizendo aos outros para fazer o mesmo, mas está simplesmente *perplexo*, triste e deprimido pelo que acontece em nosso mundo. Não ficamos todos, às vezes? Somos confrontados com o terrível abismo entre a generosidade e a bondade da criação, a vida e a obra (o mundo de Gn 1–2) e as consequências catastróficas da queda em Gênesis 3. Vivemos em um mundo de tensão entre essas duas realidades.

Os livros de Jó e Eclesiastes *nos dão permissão* para questionar, ter dificuldade para entender e protestar (assim como os salmos de lamento). É de fato um grande alívio e um encorajamento que Deus tenha escolhido incluir esses livros na grande biblioteca de nossa Bíblia.

Mas, exatamente nesse ponto, nós nos lembramos de que *temos* o restante da Bíblia. Precisamos ler um livro como Eclesiastes à luz da Bíblia inteira. Pois, embora ele de fato fale a verdade, não é *toda* a verdade, e essa diferença realmente importa. O autor de Eclesiastes não poderia saber o que sabemos agora por intermédio do Novo Testamento. Ele não sabia que Deus (em quem ele confiava, mas que não conseguia entender) um dia entraria neste mundo. Na encarnação de seu filho, Deus experimentou todas as limitações e frustrações da vida neste mundo louco. Assim o próprio Deus, em Cristo, sofreu exatamente o que um versículo de Eclesiastes descreve como algo sem sentido, e Deus transformou isso no meio de nossa salvação.

Há uma fatalidade que se dá na Terra: *justos que são tratados como malfeitores*, e ímpios que são tratados como justos (Ecl 8,14; meu itálico).

Foi exatamente esse primeiro caso que aconteceu com Jesus na cruz. Mas Deus o ressuscitou dos mortos. Essa é a resposta de Deus para a aparente futilidade da morte. Deus a conquistou na ressurreição de Cristo. Por essa razão, nossa vida (e nosso trabalho) "não é inútil" no Senhor (1Cor 15,58). O evangelho da vida, morte e ressurreição de Jesus é a resposta da própria Bíblia ao desafio de Eclesiastes.

Uma vez mais, espero que você perceba como é útil quando posicionamos tudo que lemos na Bíblia dentro do fluxo de sua grande história. A Bíblia *como um todo* nos traz a boa-nova de Deus. Mesmo quando lemos as partes de más notícias, podemos encontrar sentido nelas à luz da revelação mais plena de Deus no evangelho. Mesmo um livro como Eclesiastes, com suas perguntas não respondidas e seus desejos não atendidos, está nos apontando à frente para o Cristo em quem todo o Antigo Testamento encontra seu cumprimento final.

Isso nos traz ao fim de nossas sete frases. Não sei se o apóstolo Paulo aprovaria minha escolha dessas sete, mas acredito que reconheceria essa mesma jornada básica pelas Escrituras que ele traça repetidamente: criação, Abraão, êxodo, Davi, os profetas, os Salmos. Como Paulo, vimos que essa é uma jornada que acaba levando a Jesus de Nazaré, messias de Israel, salvador e senhor das nações. Afinal, o que chamamos de Antigo Testamento era a Bíblia de Jesus. Essas eram as histórias que ele conhecia. Esses eram os cânticos que ele entoava, os rolos que ele ouvia serem lidos, e as orações que ele rezava todos os sábados. Esses foram os textos proféticos em que ele discerniu a forma de sua própria identidade e de sua missão. Esse era o povo a que ele pertencia. Esse era o Deus que ele conhecia como Abba, Pai. Para nós, quanto mais conhecermos as Escrituras do Antigo Testamento, mais perto chegaremos da mente e do coração do próprio Jesus.

Questões para discussão

Capítulo 1: Criação

1. Como você definiria uma visão de mundo? Como o livro a define?
2. O que significa a criação ser distinta mas dependente de Deus?
3. O que faz os humanos especiais ou únicos? Que mensagens você ouve de nossa cultura sobre a diferença entre humanos e outros seres vivos?
4. Você tende a pensar no pecado como algo que afeta indivíduos ou grupos de pessoas? De que modo você viu o pecado afetar a sociedade como um todo ou gerações de pessoas?
5. Qual é a solução que Deus oferece para o pecado?

Capítulo 2: Abraão

1. Em que sentido Gênesis 12 é o recomeço da história?
2. Quais são as três promessas particulares que Deus faz a Abraão?
3. O que "bênção" significa no contexto dessa promessa?
4. Qual é o objetivo ou o propósito dessa promessa a Abraão?
5. Descreva a relação de Abraão com Deus. Em que aspectos ela é similar à sua própria relação com Deus? Em que aspectos ela é diferente?

6. De que maneira a promessa de Deus de bênção para todas as nações afeta seu entendimento bíblico da missão de Deus e de sua parte nela?

Capítulo 3: Êxodo

1. Como a frase desse capítulo serve como uma base para os Dez Mandamentos? Por que é importante que essa frase venha antes do primeiro mandamento?
2. Onde vemos redenção nesse capítulo? O que a redenção significou em sua própria vida? Como um entendimento bíblico da redenção afeta o modo de você ver o mundo à sua volta?
3. Descreva a aliança de Deus com o povo por intermédio de Moisés. O que ela incluía?
4. Como o Deuteronômio se assemelha a um tratado do antigo Oriente Próximo? Esse paralelo surpreende você? Por quê? Ou por que não?
5. Onde vemos a graça na lei? Como a lei está relacionada à missão? O que "obedecer à lei" ou "desobedecer à lei" significam para nós agora como crentes em Cristo?

Capítulo 4: Davi

1. Qual é a ligação que Paulo faz entre Davi e Jesus?
2. Como você entende a conquista sobre os cananeus? O que se destacou para você na conversa sobre genocídio?
3. Como vemos o trabalho de Deus durante o período dos juízes? Qual é o ciclo da ação? Você consegue pensar em momentos de sua própria vida em que tenha passado por ciclos de revolta e arrependimento?
4. Como Israel acabou se tornando uma monarquia? Por que você acha que as pessoas queriam um rei? Como você vê a relação entre desejos humanos e a soberania de Deus?
5. Quais são as promessas de Deus a Davi? Como vemos uma conexão entre essas promessas e Jesus?

Capítulo 5: Profetas

1. Qual era o trabalho dos profetas? Era prever o futuro? Explique a diferença entre prever e anunciar.
2. Que métodos os profetas usavam para transmitir sua mensagem? Você se vê sendo mais receptivo a algum tipo específico de persuasão? Você tende a usar um desses métodos quando quer ser ouvido?
3. Quais são alguns dos temas nucleares das mensagens dos profetas? De que maneiras precisamos dessas mesmas mensagens hoje?
4. Quais são os objetivos dos profetas?

Capítulo 6: Evangelho

1. Se você tentasse imaginar o sofrimento das pessoas de Israel no exílio, como se sentiria?
2. Como as pessoas reagiram ao exílio? Como você pode relacionar esses sentimentos e essas reações a cristãos no mundo de hoje que estão vivenciando perseguição, desalojamento e exílio?
3. Leia Isaías 40–55. Que noções importantes você encontra sobre Deus e sua ação no mundo?
4. Quais são os três horizontes de cumprimento profético? Esse conceito o ajuda a compreender melhor os profetas? Sugira outros textos proféticos que poderiam exemplificar os diferentes horizontes.

Capítulo 7: Salmos e Sabedoria

1. Quais são alguns aspectos em que a poesia hebraica difere da poesia na sua língua?
2. O que os salmos de lamento lhe mostram sobre Deus? E os salmos de louvor?
3. Você lê os salmos no culto? Em oração particular? Como eles têm sido úteis para sua jornada de fé?
4. Como os livros de sabedoria diferem da lei, dos profetas e dos livros históricos?
5. Qual é o propósito dos livros de sabedoria? De que maneiras você ou sua igreja poderiam fazer melhor uso deles em evangelização, discipulado, pregação etc.?

Edições Loyola

editoração impressão acabamento

Rua 1822 nº 341 – Ipiranga
04216-000 São Paulo, SP
T 55 11 3385 8500/8501, 2063 4275
www.loyola.com.br